しな ない shinanai	また ない matanai	はなさ ない hanasanai	きか ない kikanai	あ a
しに ます shinimasu	まち ます machimasu			い i
しぬ shinu	まつ matsu			う u
しね ば shineba	まて ば mateba	はなせ ば hanaseba	きけ ば kikeba	え e
しの う shinoo	まと う matoo	はなそ う hanasoo	きこ う kikoo	お o
しんで shinde	まって matte	はなして hanashite	きいて kiite	

だ da	ざ za	およが ない oyoganai
ぢ ji	じ ji	およぎ ます oyogimasu
づ zu	ず zu	およぐ oyogu
で de	ぜ ze	およげ ば oyogeba
ど do	ぞ zo	およご う oyogoo
		およいで oyoide

きゃ	きゅ	きょ		ぎゃ	ぎゅ	ぎょ
kya	kyu	kyo		gya	gyu	gyo
しゃ	しゅ	しょ		じゃ	じゅ	じょ
sha	shu	sho		ja	ju	jo
ちゃ	ちゅ	ちょ		にゃ	にゅ	にょ
cha	chu	cho		nya	nyu	nyo
ひゃ	ひゅ	ひょ		びゃ	びゅ	びょ
hya	hyu	hyo		bya	byu	byo
ぴゃ	ぴゅ	ぴょ		みゃ	みゅ	みょ
pya	pyu	pyo		mya	myu	myo
りゃ	りゅ	りょ				
rya	ryu	ryo				

りゃ	みゃ	ぴゃ	びゃ	ひゃ	にゃ	ちゃ	じゃ	しゃ	ぎゃ	きゃ
りゅ	みゅ	ぴゅ	びゅ	ひゅ	にゅ	ちゅ	じゅ	しゅ	ぎゅ	きゅ
りょ	みょ	ぴょ	びょ	ひょ	にょ	ちょ	じょ	しょ	ぎょ	きょ

ニュー・システムによる
日本語

中文
（繁体語）
日本語

New System Japanese

中国語版

［上］

海老原峰子 著

許君・歐陽雅芬 訳

金哲 監訳

特許取得学習法

現代人文社

『ニュー・システムによる日本語（中国語版)』の刊行にあたって

　日本語の初級教科書『ニュー・システムによる日本語（New System Japanese)』は、1988 年に最初にシンガポールで英語版として出版されました。動詞の活用を一括して教える試みは史上初で、出版後直ちに専門誌に掲載され大きな反響を呼びました（詳しくは、『日本語教師が知らない動詞活用の教え方』〔現代人文社、2015 年〕参照）。現在でも大学の研究会や学会誌などで度々取り上げられており、賛同者が増えるなか普及が待たれます。

　この教科書の中国語版が出版された経緯は以下の通りです。中国語版は日本より先に中国と台湾で普及し始めています。

○ 2016 年 7 月　日本にて、『ニュー・システムによる日本語（中国語・英語版)』（第 1 課～第 20 課）現代人文社

○ 2016 年 8 月　中国にて、『海老原日本語　初級』（第 1 課～第 20 課）吉林大学出版社

○ 2021 年 12 月　台湾にて、『海老原日本語　上』（第 1 課～第 20 課）鴻儒堂出版社

○ 2023 年 3 月　台湾にて、『海老原日本語　下』（第 21 課～第 50 課）鴻儒堂出版社

　この度、上記の台湾版『海老原日本語　上』と『海老原日本語　下』を『ニュー・システムによる日本語（中国語版)』（上）、同（下）として日本で出版する運びとなりました。

　この 2 冊には初級（現在の日本語能力試験 N4 レベル）の内容が網羅されています。

　日本での出版にあたり、鴻儒堂出版社の黄成業氏および現代人文社の成澤壽信氏に心から謝意を表します。

2024 年 4 月

海老原峰子

目　録

第一課「どこへ　いくんですか。」　　　　56

●G-1動詞，“いく”和不規則動詞“くる”　●動詞ない-形，ます-形和基本形

●“いくんです／いきます”（現在肯定句）　●“いかないんです／いきません”

（現在否定句）　●“は”（主題）　●“へ”（移動方向）　●“に”（目的）　●

“か”（疑問）　●助動詞“です”　●“どこ”[哪裡]

第二課「なんじに　いけば　いいですか。」　　　　65

●動詞假定形，意志形和て-形　●“いけばいいですか”（詢問別人的意見）　●

“いこうとおもいます”（說話者的打算／想法／主意）　●“いってください”（要

求、建議）　●“に”（行為／動作的時間）　●“の”（連接名詞）　●“いつ”

[什麼時候]　●數字數法1-10000

第三課「どうして　はやく　おきるんですか。　　　　73

まえがき

特許取得学習法とは

◎従来の日本語教授法とその問題点

　これまで外国人に日本語を教えてきて、初級レベルの日本語学習者の大多数が共通した問題を抱えていることに気がついた。即ち、学習者はある程度自分の考えていることは話せるのに、日本人が話している会話がほとんど聞きとれないということである。なぜなら彼ら学習者が言うには、我々日本人は、彼らが教科書を通じて習ったような話し方をしていないからである。このことは裏を返せば、従来の日本語教育では初心者に、日本人が日常話すような話し方を教えず、少し特殊な話し方を教えているということである。

　日本語について考える時、まず特徴的なことは動詞の活用である。日本語の動詞は、時制以外に意味によって活用変化するのが特色である。従って、日本語を学習する上で最も重要な要素は動詞の活用をマスターすることだと言ってよい。ちょうどフランス語やドイツ語を学習する上で、性による冠詞、形容詞等の活用をマスターするのと同じように重要なのである。そしてフランス語やドイツ語の学習課程で、それらは最も初期に強調され教えられているのである。ところが、従来の日本語教育課程では、動詞を教えるとき、最初に丁寧体の「ます形」のみを教え、普通体（辞書形、ない形等）やその他の形（仮定形等）は後に段階的に教えているのである。この結果、学習者は、「ます形」のみが強く印象に残り、頭に固定してしまっている為、後になって普通体やその他の形を覚えるのに大変苦労する。そして最も不都合なことは、それら全てを覚えるまでは、先に述べたような問題、即ち日本人が日常話す会話が聞きとれないということである。というのは、日本人は常に会話に様々な動詞の形を混ぜて使っているからである。例えば、初心者が日本人の簡単な会話の中で「い

1

こう」という音を聞いても、これが「行きます」と同じ動詞だということがわからないのである。

◎全く新しい教授法について

　このテキストでは全く新しい試みとして、初心者に最初から動詞をいくつかの活用とともに説明し、覚えさせるという方法をとっている。英語を学習する時にも、be動詞を習う時、「I am, you are, he is,---」等と種々の形を最初から総合的に習うはずである。日本語の学習・教授も同様にすべきである。「行く」という動詞を「行かない／行きます／行く／行けば／行こう／行って」というように総合的に教えれば、どんな形が耳に入っても、ある一つの動詞として認識できるようになるのである。

　又、上記の一環として丁寧体を「ます-型」と「んです（のです）-型」の二本立てとし並行して教えることである。「んです-型」は普通体の形の後に「んです」を付け加えるわけだから、学習者は丁寧体と普通体を同時に覚えていくことになる。

　ここで二つの反論が予想されるだろう。一つは、従来の教授法で初心者に「ます形」のみを始めに教える理由は、「ます形」はどんな場合でも使え、一番役に立つという観点から、初級段階ではそれで充分だという考え。もう一つは、初心者に始めから丁寧体（ます形）と普通体（辞書形及びない形）を同時に教えると学習者に混乱を招く、まして「行かない／行きます／行く／行けば／行こう／行って」などと種々の形を教えたら大混乱をひき起こすのではないかという考えである。

　まず第一の点を考えてみると、なるほど「ます形」はどんな状況ででも使えるだろう。しかし、「ます形」を使って話をすることはできても、日本人がいろいろな動詞の形を使って話す会話はほとんど聞きとれないのである。なぜな

ら、「ます形」は丁寧な文（またはある種の節）の最後にしか使えないから、使用頻度はそう高くないのである。また、丁寧な文といっても「んです」の形を使わなければならない場合もかなり多いので、そのような時に代わりに「ます形」を使って会話をすると大変不自然な文になるのである。例えば、道で会った時「どこへ行くんですか。」と聞かなければならないのに「どこへ行きますか。」と言うことになる。日本人は絶対にこのようには話さないのである。

　第二の点については、人間の頭の働きについて少し考えてみれば容易にわかることであるが、人間は始めに習ったことほどよく覚えているのである。我々自身が英語を学び始めたとき、「I am a student.」と「Are you a student?」をわけなく覚えられたはずである。もし始めに「am」しか教わらなかったら「am」しか使えないのだ。そして「are」という音を聞いても何のことだかわからないであろう。「am/are/is」を同時に学んだからすべてbe動詞という一つの動詞として認識し、使えるようになったのである。

　従って、初心者に最初から「行かない／行きます／行く／---」というように種々の形を教える方法は大混乱をひき起こすどころかその逆で、学習者が動詞をマスターする上で、従って日本語を上達させる上で最も効果的な方法なのである。

◎学習効果について

　この方法により、約半年間指導を続けた結果、この効果をはっきり確認することができた。従来、何か月もかけて覚える動詞の基本的な活用変化が、わずか２、３週間で覚えられるのだから、従来の教授法に比べて５〜１０倍の速度である。また、特に５０音と動詞活用形の変化の順序とに関連を持たせてあるので、５０音の練習と同時にGroup-1（五段活用）動詞の活用変化を練習すれ

ば一層効果的で、学習者が混乱することはほとんどない。

　実際にこの方法で３か月（３６時間）学習した生徒と、他の方法でほぼ同じ時間学習した生徒を比べてみると、基礎的理解度の差が大変大きいことがわかる。後者の生徒が、例えば丁寧体の文を普通体にかえるのに手間取っているのに対し、前者の生徒はほとんど即座にできるのである。

◎動詞の分類について

　本テキストでは、五段活用の動詞を Group-1(G-1)、上一段・下一段の動詞を Group-2(G-2)、そしてカ変とサ変を不規則動詞として分類した。又、動詞の語幹については、日本語の音節は音も文字（かな）もそれ以上分割できないものと考えるのが自然であるから、 G-1 の動詞は、「ない形」の「ない」をとったもの、「ます形」の「ます」をとったものをそれぞれ「ない形の語幹」、「ます形の語幹」と呼ぶことにする。G-2 の動詞はそれぞれの形から「ない」、「ます」などをとったものを語幹と呼ぶことにする。

　　　例　「いく」　　ない形の語幹：　　いか
　　　　　　　　　　　ます形の語幹：　　いき
　　　「おきる」　語幹：　　　　　　おき

助詞について（「が」と「は」の二者だけを比較するのは適当でない。）

　動詞の活用と並んで、助詞の使い方も日本語学習の中で大変重要である。特に「は」と他の助詞（格助詞）との違いは決定的に重要で、初心者に正しく教えなければならない。 それには教える側がよく理解していなければならないのは当然である。ところが従来の初級用の教科書では、「は」と「が」の使い方や比較だけを記載しているものがほとんどで主に「が」の使い方として、動詞

「ある／いる」や特殊な形容詞「ほしい／すき／じょうず」などと共に使うことのみが書かれている。そして、他の用言には全て「は」が使われている。しかし、「は」を使うか「が」を使うかは、一緒に使う用言の種類とは何ら関係ないのだ。「は」は本来格助詞とは全く異なる独自の性質をもっているので、単に「が」とのみ比較すべきではなく、比較するなら全ての格助詞と比較しなければならない。

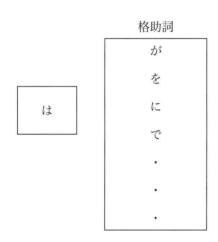

格助詞

は	が
	を
	に
	で
	・
	・
	・

例えば、

田中さんはあした来る　（ⅰ）a

田中さんがあした来る　（ⅰ）b

という二つの文を比較するなら、

本はあそこで買う　（ⅱ）a

あそこで本を買う　（ⅱ）b

（本をあそこで買う）

という二つの文も比較しなければならない。すると（ⅰ）aと（ⅰ）bの相違

は（ⅱ）aと（ⅱ）bの相違と同じであることがわかるだろう。さらに一般化
させるために、次のような比較も行わなければならない。

　　　月曜日には学校へ行く　　　　（ⅲ）a

　　　月曜日に学校へ行く　　　　　（ⅲ）b

　　　いせたんではセールをやっている　　　（ⅳ）a

　　　いせたんでセールをやっている　　　　（ⅳ）b

　　　大阪と京都へはあした行く　　　　（ⅴ）a

　　　大阪と京都へあした行く　　　　　（ⅴ）b

　そうすると、「は」の用法の問題が、単に上記の例（ⅰ）aと（ⅰ）bにお
けるような「が」との関連においてだけでなく、「は」というものの普遍的性
質・用法という問題として浮かび上がってくるのである。即ち、他の助詞（格
助詞）「が」、「を」、「に」、「で」、「へ」等が特定の用言との関係で目
的語を示したり、場所、方向等を示したりするのとは異なり、「は」はそれを
加えることにより、目的語、主語、方向、場所等、文中のあることばをとり出
し、スポット・ライトを当てて言及する、つまりそのことばをトピックにする
働きがあるのだ。従って、「○○○は」以外の部分は「○○○」について述べ
たい又は知りたい情報なのである。

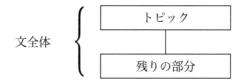

その場合、（ⅲ）a、（ⅳ）a、（ⅴ）aにみるように、「に」や「で」や
「へ」が「は」と共に使え、「には」、「では」、「へは」になるのとは異な

り、「が」と「を」は、「は」を加えることにより「がは」、「をは」のように「が」と「を」が省略されてしまうと考えればよいのだ。要するに概念的には「が」や「を」があるのだが、外観からは消えてしまうというわけである。

　言うまでもないが、「は」を付け加えたからといって、「……が」や「……で」等のことばが当該の用言に対してもつ関係は変わるわけではない。「……がは」や「……では」は依然として主語や場所を表わしている。

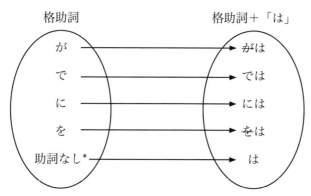

（*「助詞なし」というのは副詞または他の連用修飾語の場合である。）

　こうして見てくると、皆が好んでとり上げる「主語にはどういうときに『は』を使い、どういうときに『が』を使うか」という問題は、全く筋違いのピントのずれた議論であるということがわかるだろう。なぜなら主語を表わすのは「が」に決まっているからだ。方向を表わすのが「へ」に決まっているのと同じぐらい当然のことで、誰も方向を表わすのに「へ」を使うか「へは」を使うかなどと大騒ぎしていないではないか。問われなければならない問題は、「どういう場合に『は』を使うか」ということなのである。それがわかればどういう場合に「がは」、「をは」、「には」、「へは」等々を使うかが自動的（演えき的）にわかるのである。この問いの答は「あることばをトピックにし

7

たい時に『は』を使う」である。ついでながら、先の（ⅱ）aの例でわかると
おり、あることばをトピックにする場合、そのことばが文の始めに移動するこ
とが多いので、そのことばがトピックであるということは誰にでもわかるので
ある。ところが、主語をトピックにする場合、短い文ではもともと主語が文の
始めにあることが多いため、「は」をつけてトピックにしても位置の移動が起
こらないので、トピック化されたことが目立たず「『は』は主語を表わす」と
いう考え方が生れてきてしまい、主語には「が」と「は」のどちらを使うかと
いうゆがんだ問題になってしまうのかもしれない。

　以上のことをまとめると、

*「は」はトピックを表わす。

*「が」と「を」（他にもあるがここでは触れない）は、「は」を付け加えると
　省略される。

　このテキストでは「は」をどういう場合に使うか、また他の助詞（格助詞）
と組合わせるとどうなるかということを一般的ルールとして記載した。つま
り、従来のような「が」を使うか「は」を使うかという観点ではなく、「は」
の使い方一般を示す中で、「が」と「は」の問題を他の助詞「に」と「には」
の違い等と同じ次元でとらえてある。　従ってここでは、他の教科書のように
「ある／いる」の出てくる課の中で「存在(there is/are)」の肯定文には「が」
を使い、その否定文には「は」を使うという説明はしていない。「ある／い
る」の他にも、前に触れた「ほしい／すき／じょうず」などの形容詞について
も同様である。このことについてもう少し詳しくみてみよう。

　多くの教科書は次のように特定の用言について肯定と否定で「が」と「は」
を使い分けている。

　　　　（肯定）　　　　　　　（否定）

　　1)本がある　　　　　　　1')本はない

　　2)山田さんがいる　　　2')山田さんはいない

　　3)車がほしい　　　　　3')車はほしくない

　　4)コーヒーがすきだ　　　4')コーヒーはすきじゃない

　　5)テニスがじょうずだ　　5')テニスはじょうずじゃない

　このような教え方の第一の問題点は、「が」を使うということにおいてこれらの動詞や形容詞は何ら特殊ではないのにそのような印象を与えてしまうということである。「が」はどんな用言にも主語として使える。例えば、

　　6)私が行く

　　7)タクシーが来る

　　8)ここが涼しい

　　9)部屋が広い

なども 1)〜5)の文と同じように正しい文なのだから、「が」を導入するとき、上記のような特定の用言だけに関連づけるべきではないと思う。

　第二の問題点は、上記 1)〜5)の文には「は」も使えるのに教えないので、学習者が「本がありますか」などと非常に不自然な話し方をするようになることである。トピックにする場合は当然次のようになる。

　　1")本はある／本はありますか

　　2")山田さんはいる／山田さんはいますか

　　3")車はほしい／車はほしいですか

　　4")コーヒーはすきだ／コーヒーはすきですか

　　5")テニスはじょうずだ／テニスはじょうずですか

　さらに、否定文 1')〜5')についても同様で、トピックにしない場合は「が」を使い、「本がない」のようになるのである。

9

要するに、肯定、否定を問わずどんな用言でも主語には「が」を使い、主語をトピックにしたいときは「は」（「が」が「は」をつけ加えると省略されてしまうため）を使うということをきちんと教えなければならない。これは、文の他の要素に他の格助詞「で」、「に」などを使い、トピックにするときは「では」、「には」などとするのと全く同じ原理である。

　尚、このテキストでは便宜上「は」の用法を二つに分けた。一つは質問に否定で答える場合に否定したいことばに「は」をつけること。もう一つは今まで述べてきた「トピックの『は』」である。前者の「否定の答の『は』」についてだが、実際に質問文の中のあることばを否定したい時、我々はそのことばに焦点をあてトピック化しているわけだから、この「否定の答の『は』」はとりもなおさず「トピックの『は』」なのであるが、ここでは便宜上区別して説明してある。

自然な日本語を話すには

　とかく初心者は言いたいことがなかなか言えなかったり、必死で考えた末、不自然な日本語を話してしまうことが多い。我々日本人も英語などの外国語を話すとき、始めはなかなかうまく話せない。これはなぜだろうか。一つはボキャブラリー不足や動詞などの活用に不慣れであるという問題。もう一つは構文の問題、つまり正しい構文に慣れていないという問題だと思う。例えば、英語なら S-V-O などの形式があり、それに基いて文を作らなければならない。日本語で「買います」と言えば充分なのを英語では 「Buy.」だけではだめで、「I'll buy it.」とか「I'm going to buy it.」と言わなければならない。要はそれに慣れれば良いのである。外国人が日本語を話すときにはどうだろうか。「I'll give it to you.」を日本語で言う時、「あげます」または「あげましょう」と言えるかどうかなのである。それは、日本語の構文を正しく把握しているかどう

かの問題である。そうでないと、常に「（私は）これをあなたにあげます。」などと言ってしまうことになる。ここでまた教え方が問題になってくる。

　忘れてならないことは、日本語を教える時、英文法にあてはめてはいけないということだ。しかし現在多くの教科書では、たとえば英語には S-V-O などの構文（文型）があるので、日本語にもそれをあてはめ、似たような文型があるものとされているようだ。つまり「N1がN2を／にV」のようなパターンを与えて、それに基きことばをあてはめ、文を作るように教えているのである。このように指導されると、初心者は考え抜いた挙句N1やN2に適当なことばをあてはめ、不自然な日本語を話すようになるのだ。これは間違った教え方だと思う。日本語の文はそのようにして作るのではないからだ。

◎日本語の文は修飾語を伴う述語である

　日本語の文はもともと述語及び必要な修飾語のみから成る、つまり一つの述語に必要な情報を修飾語として付け足していくものである。わかりやすく言えば、「要らないものやわかっているものを省略する」のではなく、「必要なものだけを付け加える」のである。ここで修飾語というのは、主語、目的語、連用修飾語のことである。もっとも主語や目的語も連用修飾語と言ってしまった方が良いので、今後連用修飾語には主語や目的語を含むものとする。もちろん、連用修飾語がなく述語だけでも文になる。また、連用修飾語の中では、主語、目的語、他の修飾語は全く同等であり、主語が他のことばより重要だとか地位が高いということはないのである。図で示せば次のようになる。

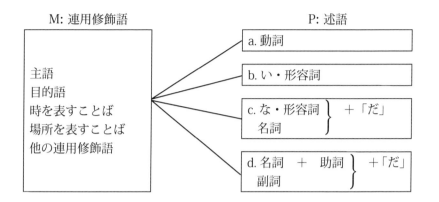

M: 連用修飾語

主語
目的語
時を表すことば
場所を表すことば
他の連用修飾語

P: 述語

a. 動詞

b. い・形容詞

c. な・形容詞 ⎫
　名詞　　 ⎭ ＋「だ」

d. 名詞　＋　助詞 ⎫
　副詞　　　　　 ⎭ ＋「だ」

（注：d.の「だ」は a, b, c. の代わりとして用いられる。）

　例えば、「本を買った（ⅰ）」という文は、「買った」という述語に対し「本を」という目的語一つを連用修飾語にもつ。また、「きのう本を買った（ⅱ）」という文は「買った」に対して「きのう」と「本を」という二つの連用修飾語をもつ。

ここで、述語の集合を P、連用修飾語の集合を M とし、p を P の要素、m_1, $m_2 \cdots$, m_n を M の要素とすると、述語を一つと n 個の連用修飾語をもつ文は、

$$(m_1 m_2 \cdots m_n)^* p \quad [A]$$

と表わせる。ここで、*は連用修飾語と述語の結びつきを表わすものとする。
上記の例文「本を買った（ⅰ）」と「きのう本を買った（ⅱ）」に戻って考えると、

（ⅰ）は　$m_1^* p$　　　と表わせ、

（ⅱ）は　$(m_1 m_2)^* p$　　　と表わせる。

　さて、文中のあることばがトピックとなった場合を考えてみよう。トピックというのは普通「は」をつけて表現されるが、これは文全体にかかるから、文を修飾する修飾語とも言える。まず、Ⅰ．連用修飾語がトピックになる場合、

そしてⅡ．述語（連用修飾 語を伴ってもよい）がトピックになる場合である。
次の文型[A]の例文についてみていこう。

（例文）　　「きのう　丸善(注)で　本を　買った」（ⅲ）
　　　　　　　　m_1　　　m_2　　　m_3　　p

Ⅰ．連用修飾語（一つまたはそれ以上）がトピックとしてとりあげられると、
　　それぞれ助詞「は」を伴い、文頭に出る。

　　a)　　「丸善で」（m_2）がトピックになった場合：

　　　　　　　丸善では　　きのう　　本を　　買った
　　　　　　　m_2　　　　m_1　　　m_3　　p

　　となり、(m_2+ は) { (m_1 m_3)*p} と表わせる。

　　b)　　「きのう」（m_1）と「本を」（m_3）がトピックになった場合：

　　　　　　　きのうは　　本をは　　丸善で　　買った
　　　　　　　m_1　　　　m_3　　　m_2　　　p

　　となり、(m_1+ は) (m_3+ は) (m_2*p) と表わせる。

　　このように考えていくと、先の文型[A]の文は次のように変形できる。

　　　　　　(m'_1+ は) (m'_2+ は)…(m'_i+ は) { (m'_{i+1} m'_{i+2}…m'_n)*p}　　　[B]

　　ここで、集合(m'_1, m'_2, …, m'_n)は集合(m_1, m_2, …, m_n)に等しく、単に
　　並べ方が変わっただけである。

Ⅱ．述語（連用修飾語を伴ってもよい）がトピックとしてとりあげられると、
　　その部分が「のは」を伴い、文頭へ出て、連用修飾語のうち伝えたい情報
　　一つだけが「だ」を伴い新しい述語になる。先の例を見てみよう。

　　　　（例文）　　「きのう　　丸善で　　本を　　買った」　　（ⅲ）
　　　　　　　　　　　m_1　　　m_2　　　m_3　　　p

13

注）丸善：書店の名前

a) 「きのう丸善で買った」$(m_1 m_2)^*p$ がトピックになり、「本を」(m_3) が伝えたい情報とすると、

<u>きのう</u>	<u>丸善で</u>	<u>買った</u>	のは	<u>本を</u>	だ
m_1	m_2	p		m_3	

即ち、$\{ (m_1 m_2)^*p + のは \}^*\underbrace{(m_3+だ)}_{p_1}$ と表わせる。

ここで p_1 は新しい述語である。

b) 「本を買った」$(m_3{}^*p)$ がトピックになり、「きのう」(m_1) が伝えたい情報とすると、

<u>本を</u>	<u>買った</u>	のは	<u>きのう</u>	だ
m_3	p		m_1	

即ち、$(m_3{}^*p + のは)^*\underbrace{(m_1+だ)}_{P_2}$ と表わせる。

ここで P_2 は新しい述語である。

c) 「買った」(p) がトピックになり、「丸善で」(m_2) が伝えたい情報とすると、

<u>買ったのは</u>	<u>丸善（で）</u>	だ
p	$m2$	

即ち、$(p + のは)^*\underbrace{(m_2+だ)}_{P_3}$ と表わせる。

ここで $p3$ は新しい述語である。

このように見ていくと、先の文型[A]の文は次のようにも表わせる。

$\{(m''_1 m''_2 \cdots m''_j)^*p + のは\}^*(m''_{j+1}+だ)$ $(j+1\leqq n)$ 　　　[C]

　　ここで、集合$(m''_1,m''_2,\cdots,m''_j,m''_{j+1})$は集合$(m_1,m_2,\cdots,m_n)$の部分集合である。

以上のことを整理すると、次のような結論が得られる。

　　述語一つと n 個の連用修飾語をもつ文は[A]のように表わせ、これはまた、トピックの選び方により、[B]や[C]のようになる。

[A]　$(m_1\ m_2\cdots\ m_n)*p$

[B]　$(m'_1+\ は)\ (m'_2+\ は)\cdots(m'_i+\ は)\ \{\ (m'_{i+1}\ m'_{i+2}\cdots m'_n)*p\}$

[C]　$\{(m''_1\ m''_2\ \cdots\ m''_j)*p\ +\ のは\}*(\ (m''_{j+1}+だ)\quad (j+1\leqq n)$

文型[A]：

連用修飾語 * 述語

文型[B]：

トピック+「は」		トピック+「は」

連用修飾語 * 述語

文型[C]：

トピック+「のは」

*

新しい述語
(……だ)

15

　　なお、修飾語の順番については重要なことばほど述語に近づく。従って英語のS、V、Oの位置や、時や場所を表わす副詞等の語順がはっきり決まっているのと比べると全く異なっていることがわかる。それに英語ではSやOがトピックであったりなかったりで、外見からは区別がつかない。先に挙げた例

"I'll buy it" も、日本語では状況により「買います」、「それを買います」、「それは買います」、「私が買います」、「私は買います」、「それは私が買います」、「私はそれは買います」などとなり、決して英文とは一対一の対応をしていないのである。

　以上の考察からわかる通り、従来構文として扱われていた「N1はN2だ」とか「N1がN2をV」とか「N1でN2をV」などというものはそもそも構文として存在しないのだ。架空のものだったのである。もちろん、いろいろな文を調べれば、たまたまそのような構造になっているものもあるが、たまたまそうなっているものだけをとり上げて、英文の S-V-O に対応させてみたり、一般的法則のように考えたり教えたりするのは日本語本来の姿を無視した考え方と言わなければならないだろう。

　述語を決めてその前に必要なことばだけを置く。これが日本語の文の作り方であり、自然な日本語を話すポイントである。またこれは、日本人が絶対に助詞を間違えないという事実から見てもあきらかである。（助詞というのは述語によってのみ決定されるのであるから。）

◎短い文を話そう

　上述の原理がわかれば日本語を話すのは簡単である。とにかく述語を決めて、必要なことばを前に付け足せばよいのである。何も付け足さなくても立派な文になるのだ。特に質問に答える場合は、質問がいくら長くても、答えはできるだけ短くするように指導するとよい。但し、述語を省いてはいけない。次のような会話練習が効果的である。

　きのうはどこへ行ったんですか。　　動物園へ行ったんです／動物園です。
　だれと行ったんですか。　　　　　友だちと行ったんです／友だちとです。

どうやって行ったんですか。　地下鉄で行ったんです／地下鉄（で）です。

どのぐらいかかりましたか。　30分ぐらいかかりました／30分ぐらいです。

　初心者はこのような短い文を練習することにより、言いたいことが必要最低限のことば でしかも自然な日本語で表現できるようになる。これは長い文を省略した結果短い文になったのではない。必要なことばだけを用いた結果の短さなのである。そしてこれこそまさに「自然な日本語」なのではないだろうか。

「ている」を取りあえず現在進行形 「be + ---ing」 として教えてはいけない

　今までの経験から言うと、日本語に限らず何についても言えることだが、学習者というのは教わった通り（厳密に言うと、印象を受けた通り）やろうとするものだ。日本語を使う時にも教えた通り使おうとしている。また、始めに教えたことほどよく頭に入るものだ。従って、「ている」の形を教え始めるとき、「今、何をしているんですか。」、「今、新聞を読んでいるんです。」などという練習ばかりやっていたら、生徒は当然「ている」＝「be + ---ing」だと思い込んでしまう。つまり、そういう印象を受けてしまうのである。そして、「be + ---ing」で表わされる近接未来にまで「ている」をつかってしまう。よく誤用が多いなどと学習者の批判ばかりするが、これは「誤教」なのである。教え方に問題があるのである。

　「ている」が英文法の何にあてはまるかではなく、日本語独自の概念を教えるべきである。つまり、現在進行形という一つの使い方だけを強調するのではなく、すべての「ている」に共通している性質、概念を教えるべきなのである。英語では、「I'm reading a newspaper now.」、「I read the newspaper every morning.」、「I live in Tokyo」、「I'm married.」などと、異なる形 （be + ---ing, present tense, be + ---ed） で表現しているものを、私たち日本

人が「今、新聞を読んでいる」、「毎朝、新聞を読んでいる」、「東京に住んでいる」、「結婚している」というように全て同じ「ている」の形で表わしているのには何らかの理由があるはずである。これら四つまたはそれ以上の文には必ず共通した何かがあるはずである。その共通したもの（性質、ルール）を見つけることにより、日本語独自の体系を見い出し、それに沿って日本語を教えていくべきである。英文法という借りものの着物を着せずにである。

　このテキストでは、「ている」を「継続した動作・状態や、繰返されることがら（習慣など）」を表わすとし、それら全てを一つの課で総合的に扱うことにした。例えば、「読んでいる」という一つの文も「今」、「毎朝」、「朝日新聞を」など、一緒に使われることばにより、「I'm reading a newspaper now.」、「I read the newspaper every morning.」、「I read/subscribe to the Asahi Shinbun.」などと異なる英語になるが、そこには「継続または繰返し」という共通した性質があるので、まとめて教えるのである。

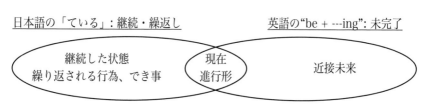

日本語の「ている」：継続・繰返し　　　英語の"be + ---ing"：未完了

継続した状態　　現在　　近接未来
繰り返される行為、でき事　進行形

（日本語の「ている」と英語の「be + ---ing」は同等のものではない。）

　とにかく、生徒に「ている」の概念をつかんでもらうため、一つの文に対し考えられるいくつかの状況と英文を付けた。上記の「読んでいる」の他にも、「行っている」について考えてみると、

＊今、大学に行っている。　(He is now at the university.[physically present] OR He attends classes at the university.)

　＊バスで大学に行っている。　　（He goes to the university by bus.）

という具合である。このように教えることにより、生徒は「ている」のもつ意味合い、雰囲気のようなものを把握することができるのである。そして、「毎日新聞を読んでいます」、「毎日一時間勉強しています」などと話すようになる。これは「毎日新聞を読みます」、「毎日一時間勉強します」よりはるかに自然な日本語である。

助数詞を合理的に教える

　数詞やものの数え方も、外国人にとってはやっかいなものである。そのやっかいさは、何をどんなことばで数えるかということより、一つのことば例えば「ほん」が数により、「ぼん」や「ぽん」になってしまうということなのである。しかし、その変化にはルールがあるのだから、そのルールに従って教えるべきである。従来、平たいものは「まい」、長いものは「ほん」などということばかり強調し、「まい」が不変であるのに「ほん」が「ぼん」や「ぽん」となる規則がないがしろにされているようである。生徒 にとって重要なのはこのような変化の規則なのである。規則さえわかれば新しいことばに出会ってもうまく使えるのである。

　従ってこのテキストでは、この変化の規則を徹底させるため、同じ規則をもつことばを同じ課でとりあげてある。例えば１１課では「さしすせそ」で始まる「さつ」、「才」、「週間」、「センチ」をとりあげ、１、８、１０が促音「っ」になること、又１３課では「はひふへほ」で始まる「本」、「匹」、「杯」をとりあげ、１、６、８、１０が「ぱぴぷぺぽ」、３と疑問詞が「ばびぶべぼ」になることを学ばせるようにした。そうすれば、将来「泊」などの新しいことばが出てきてもうまく使えるのである。

19

最後に

　ここに収めたものは、今まで改良を加えながら実際に教室で使ってきたものである。まだ改良すべき点は多々あると思うが、とりあえず、一人でも多くの学習者にこの新しい方法を知ってもらう為に出版する次第である。

　このテキストでは、初心者にわかりやすいよう、１課から１０課までの会話及び練習には、動詞と助詞及び必要な語句に下線をほどこしておいた。また、動詞の活用の種類、用法について学習者が一目でわかるよう、本課の前に一覧表「動詞の活用形とその用法（動詞活用的種類和用法）」を掲げた。なお、動詞の活用規則を学習するための「動詞はやわかり表（動詞速記表）」及び「５０音表」（本書見返しの「附動詞５０音圖」）は、コンピュータ用ソフトウェアと共に、特許を取得している。（特許第１７８０１２３）

１９８８年６月

海老原　峰子

中国語版出版にあたって

　本書中国語版出版にあたり、ご尽力いただいた中国の日本語教育専門家金哲博士並びに博士の率いる翻訳チームの許君、劉長生、黄清清、李晨曦、歐陽雅芬、劉文琪、王素素、韋華鳳、樂鎖成、衛萍萍各氏にこの場を借りて心から謝意を表したい。

海老原峰子

前　言

什麼是專利學習法？

◎傳統日語教學法及其問題

　　在從事日語教學的過程中，我發現大多數日語初學者都有一個共同的問題：他們可以在一定程度上表達自己的想法，卻聽不懂日本人的談話內容。據學習者所說，這是因爲日本人的說話方式跟他們在教科書上所學的不同。從另一個方面來看，這說明傳統的日語教育並沒有教會初學者日本人日常的說話方式，而是在教一些生硬的表達方式。

　　關於日語，大家首先想到的是其代表性的動詞活用。日語動詞的特色是時態和根據意思的不同會發生活用。因此，可以說學習日語最重要的要素是掌握動詞活用。這與在學習法語和德語時，掌握根據詞的陰陽性相應的變換冠詞、形容詞一樣，都很重要。在法語和德語的課程學習中，這些在學習之初便會被強調。但是傳統的日語教育課程，在教授動詞的時候，最初僅僅教授敬體 "ます-形"，簡體（基本形、ない-形等）及動詞其他形式（假定形等）在後期階段才會涉及。這使得學習者只對 "ます-形" 印象深刻並在腦海中形成固定的模式，後期對簡體及其他形式的記憶變得十分困難。這樣最不妥當之處在於，學習者在將所有內容掌握之前，正如前面所說，很難聽懂日本人的日常交流，因爲日本人在說話時會用到各種動詞形式。例如，初學者在簡單的會話中聽到 "いこう" 就很難理解這其實和 "行きます" 是同一個動詞。

◎全新教學法

　　本教材作爲全新的嘗試，學習之初便向初學者說明日語動詞的所有活用並讓他們牢記。我們在學習英語的時候，be動詞的學習是一開始便學習 "I am,you are, he is"等各種形式。我認爲日語的學習也該如此。例如將動詞"行く"的各種形式"行かない／行きます／行く／行けば／行こう／行って"一併教授，這樣不論聽到哪一種形式，學習者都可以辨識出是同一個動詞。

作爲上述教學中的一個環節將"ます-型"與"んです（のです）-型"同時教授。因爲"んです-型"是在簡體形式後加"んです"構成，這樣學習者就可以同時記住敬體和簡體。

對此可能會有人提出質疑。第一、傳統教學法對於初學者只教授"ます-形"是因爲"ます-形"不論在什麼場合都可以用，初級階段掌握"ます-形"就已足夠。第二、一開始便同時教授敬體（ます-形）和簡體（基本形和ない-形）會讓初學者混亂，更別說"行かない／行きます／行く／行けば／行こう／行って"等各種形式一併教授，就會引起更多的混亂。

對於第一點質疑，誠然"ます-形"可以在各種場合使用。即便初學者能用"ます-形"來表達，也幾乎聽不懂日本人使用了動詞各種形式的日常聊天。這是因爲"ます-形"通常是禮貌用語的結句，所以使用頻率不是非常高。並且禮貌用語的結句很多時候要用"んです"，這時如果換成"ます-形"反而語氣不自然。比如，大家在路上打招呼時說"どこへ行くんですか"，若換成"どこへ行きますか"就很不自然。日本人肯定不會這樣說。

第二點，衆所週知人類越是最初學習的東西記憶就越牢固。我們在學習英語的時候，都能記住"I am a student."和"Are you a student?"。如果最初只教授和使用"am"，那麼當我們聽到"are"這個音的時候便不知道是什麼意思。正因爲我們同時學習"am／are／is"，才能認識到它們都是be動詞，並學會使用。

因此一開始便教授初學者"行かない／行きます／行く／———"等動詞各種形式，不僅不會引發混亂，反而是學習者掌握動詞、提高日語能力最有效的方法。

◎學習效果

　　使用全新教學法，經過半年的指導獲得了顯著的教學成果。以前需要花費幾個月才能掌握的動詞基本活用變形，僅需兩三個星期就能記住。教學效率是原來的5～10倍。並且將五十音圖與動詞活用的變化順序相關聯，在練習五十音圖的同時，練習Group-1（五段活用）動詞的活用，效果顯著且不會引發學習者的混亂。

　　實際上使用此方法學習三個月（36學時）的學生跟使用其他方法學習相同學時的學生相比，對於基礎的理解在程度上有很大的差距。比如後者的學生在將敬體的句子轉換成簡體的時候比較吃力，而使用全新學習法的學生則毫不費力。

◎動詞分類

　　本教材將五段活用動詞稱爲Group-1（以下稱爲G-1），上一段、下一段動詞稱爲Group-2（以下稱爲G-2），カ變和サ變稱爲不規則動詞。關於動詞的詞幹，因爲在日語音節中音跟文字（假名）不可分割，故將G-1動詞“ない-形”中不加“ない”的部分、“ます-形”中不加“ます”的部分分別稱爲“ない-形詞幹”、“ます-形詞幹”。將G-2動詞各種形式中的“ない”、“ます”等去除之後的部分稱爲G-2動詞詞幹。

　　　例　“いく”　　　　　ない-形詞幹：　　　いか

　　　　　　　　　　　　　ます-形詞幹：　　　いき

　　　　　　“おきる”　　　詞幹：　　　　　　おき

助詞（只比較“は”和“が”不合適）

　　在日語學習中，掌握助詞的使用方法和掌握動詞的活用同樣重要。特別是“は”與其他助詞（格助詞）的區別，必須正確地教給初學者。當然這要求教授

者自身必須理解透徹。但是傳統的初級階段的教材，只是將"は"和"が"的使用方法進行了對比，強調"が"與動詞"ある／いる"、與特殊形容詞"ほしい／すき／じょうず"等連接使用，其他用言情況下一律用"は"。實際上是用"は"還是用"が"與一起使用的用言並無多大關係。"は"本身與格助詞相比擁有完全獨特的性質，因此不該只拿來同"が"進行比較，若是要比較的話，應該是和所有的格助詞進行比較。

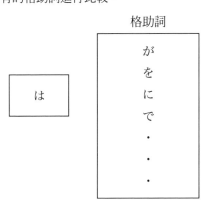

格助詞

が
を
に
で
・
・
・
・

は

例：

　　　田中さんはあした来る　　　(i)a

　　　田中さんがあした来る　　　(i)b

比較這兩個句子的話，

　　　本はあそこで買う　　　(ii)a

　　　あそこで本を買う　　　(ii)b

　　（本をあそこで買う）

就必須將這兩個句子做比較。可以看出(i)a和(i)b的異同與(ii)a和(ii)b的異同是一致的。爲了更進一步了解，做以下比較。

　　　月曜日には学校へ行く　　　　　　　（ⅲ）a

　　　月曜日に学校へ行く　　　　　　　　（ⅲ）b

いせたん<u>では</u>セールをやっている　　　（iv）a

いせたん<u>で</u>セールをやっている　　　（iv）b

大阪と京都<u>へは</u>あした行く　　　（v）a

大阪と京都<u>へ</u>あした行く　　　（v）b

可以看出，"は"同"が"的使用有關聯性（如上例(i)a和(i)b所示），另一方面"は"本身具有普遍性用法。其他助詞（格助詞）"が"、"を"、"に"、"で"、"へ"等與特定的用言連接使用可以提示對象、場所、方向等，而"は"與這些助詞連接使用，是提示

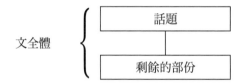

對象、主詞、方向、場所等句中的關鍵部分，將此作爲句子的話題，起到了聚焦的作用。也就是說"…は"後面的部分是重點要敘述和表達的內容。

在這種場合，如(iii)a、(iv)a、(v)a所示，"に"、"で"、"へ"可以和"は"共同使用，構成"には"、"では"、"へは"。但"が"和"を"與"は"一起使用時，"がは"、"をは"當中的"が"和"を"可以視爲被省略掉。也就是說在概念上存在"が"和"を"，但從表現形式上來看是不存在的。

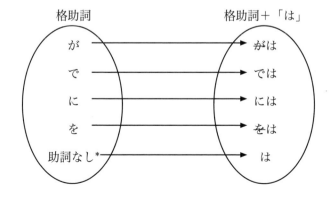

（＊"助詞なし"是指副詞或者其他連用修飾語的場合。）

即使加上"は"，"…が"和"…で"等表達的內容不變。"…がは"和"…では"依然是提示主詞和場所。

這樣看來大家經常問到的提示主詞是用"は"還是"が"這個問題從根本來說就是一個毫無意義的討論。之所以這麼說，是因爲提示主詞毫無疑問要用"が"。這與提示方向用"へ"一樣是毋庸置疑的，沒有人會去質疑提示方向該用"へ"還是"へは"。該問的問題是"什麼時候用'は'"。若能弄明白這點，那麼什麼場合用"がは"、"をは"、"には"、"へは"就自然會明白。這個問題的答案是"若想將某一關鍵部分作爲話題時就用'は'"。如(ii)a的例子所示，將某個部分作爲話題的時候，通常是將其移至句首，這樣大家可以一目瞭然，知道這個部分是句子的話題。但是將主詞作爲話題時，在短句中原本大多數情況就是將主詞放在句首，加上"は"來提示話題也不會改變位置，由於主詞被提示爲話題並不明顯，這樣就讓人產生了"'は'是提示主詞"的想法，繼而形成了在提示主詞時是用"は"還是"が"的困惑。

綜上所述，

＊"は"是提示話題

＊"が"和"を"（其他情況，在此不涉及）在與"は"連接使用的情況下會被省略。

在本教材記載了關於什麼場合下使用"は"、以及與其他助詞（格助詞）連接使用時怎樣變化等相關通用法則。本教材不涉及傳統日語教學中的關於"は"與"が"的觀點，而將"は"和"が"的比較問題與其它助詞如"に"和"には"的區別放在同一層面進行討論。另外，本教材也不涉及其他教材中所說的關於"ある／いる"表示存在，在肯定句中用"が"、否定句中用"は"等內容。除此之外，前面所提到的"ほしい／すき／じょうず"等形容詞也是一樣。在此做簡單說明。

　　大多數教科書像下面這樣，對於特定的用言根據肯定或否定來使用 "は" 或 "が"。

　　（肯定）　　　　　　　　（否定）

　　1)本がある　　　　　　　1')本はない

　　2)山田さんがいる　　　　2')山田さんはいない

　　3)車がほしい　　　　　　3')車はほしくない

　　4)コーヒーがすきだ　　　4')コーヒーはすきじゃない

　　5)テニスがじょうずだ　　5')テニスはじょうずじゃない

　　這種教學方式的問題點在於，在使用 "が" 的時候，以上所例舉的與之連接使用的動詞跟形容詞本身其實並無特殊性，卻讓學習者誤認爲這些用言是特殊的。實際上不論用言是什麼，"が" 都可以提示主詞。例如：

　　6)私が行く

　　7)タクシーが来る

　　8)ここが涼しい

　　9)部屋が広い

等和1)～5) 的句子相同，都是正確的。因此 "が" 不應該如上述所示只和特定的用言連接使用。

　　第二個問題是，如上述1)～5) 的例句中也可以使用 "は"，但傳統的教材中並未涉及。因此造成了學習者說出 "本がありますか" 等極爲不自然的表達方式。在談論話題時應該是如下表達。

　　1")本はある／本はありますか

　　2")山田さんはいる／山田さんはいますか

　　3")車はほしい／車はほしいですか

4")コーヒーはすきだ／コーヒーはすきですか

5")テニスはじょうずだ／テニスはじょうずですか

　同理在否定句如1')～5')中，主詞不是作爲句子主題提出時應使用"が"。因此句子爲"本がない"。

　總而言之，不論肯定還是否定，也不論用言類型，在提示主詞時都使用"が"，想要將主詞作爲話題時就用"は"（加上"は"後"が"被省略）。這一點與使用其他格助詞如"で"、"に"時，提示作爲話題時變成"では"、"には"等是同一原理。

　爲了方便起見，本教材將"は"的用法分爲兩大類。一類在回答問題時，若是否定回答即可在想要否定的詞後面加"は"。另一類就是在前文中討論的關於話題的"は"。關於第一類的"は"，其實是在對疑問句中的某個詞進行否定時，人們會將該詞作爲焦點提示爲句子主題，因此"否定回答的'は'"即"話題的'は'"。在這裡是爲了方便起見才分開解釋的。

說道地的日語

　經常有這樣的情況，初學者常有想講什麼卻又講不出的情形，再三考慮後講出的卻又是不道地的日語。我們日本人也是，在用英語或其他外國語表達時開始的時候也說不好。這是怎麼回事呢？我想，一方面是因爲辭彙量不夠、對動詞等的活用不熟悉的原因，另一方面是句子結構的原因，也就是說對正確的句子結構還不熟悉。例如，英語是S-V-O的結構，就應該按照這個結構去完成句子。用英語去表達日語的"買います"，光用"Buy"還不夠。要說成"I'll buy it"或"I'm going to buy it"才行。重要的是你要熟悉這樣的表達。外國人講日語是又會怎樣呢？將"I'll give it to you"用日語表達時，能否說成"あげます"或"あげましょう"。這也是對日語的句子結構是否準確掌握的問題。否則，就會老是說出像"（私は）これをあなたにあげます"樣的日語。這也是教的問題。

　　記住，教日語時不要用英語的語法去對應。但是，現在有不少的教科書就用這樣的教法，例如英語有S-V-O這樣的句子結構，與此對應日語似乎也有相似的句型即"N1がN2を／にV"，就讓學生套用這個句型去造句。按照這樣的指導，結果就是初學者反覆考慮去用相關的詞去放在N1和N2的位置，說出不自然的日語。我認爲這種教學的方法不對。日語的語句不是這樣產生的。

◎日語句子是含有修飾詞的述語

　　日語原本就是由述語和必要的修飾語構成，也就是說，僅由一個述語同提供所需要信息的修飾詞而組成。簡單地說不是"省略掉不需要的和已經知道的"，而是"只要添上需要的"。在此，修飾詞是指，主詞、受詞、連用修飾詞。最好將主詞和受詞也當做連用修飾語，這樣今後連用修飾語裡面也包含主詞和受詞了。當然，沒有連用修飾語只有述語的句子也成立。另外，連用修飾詞中主詞、受詞、以及其他的修飾語都一樣，完全平等，主詞的地位也沒有比其他的要更爲重要。用圖表示如下。

　　例如，"本を買った（i）"這句話，對應"買った"這個述語，有"本を"這一個連用修飾詞。再如，"きのう本を買った（ii）"這句話，對應"買った"的有"きのう""本を"這兩個連用修飾詞。

　　這裡，述語群用P、連用修飾詞群用M來表示，p作爲P的要素，$m_1, m_2, \cdots m_n$作爲M的要素，一個述語和n個連用修飾片語成的句子表示爲：

$$(m_1 m_2 \cdots m_n) * p \qquad [A]$$

這裡，*表示連用修飾詞同述語的連接。回到上面的例文（i）和（ii）來看，（i）用$m_1 * p$來表示，（ii）則用$(m_1 \, m_2) * p$來表示。

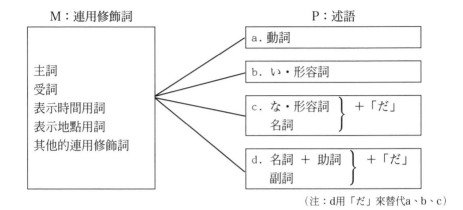

（注：d用「だ」來替代a、b、c）

接下來，試想句子中的詞成爲主題時的情況。主題通常是用「は」來顯示的，同全句相關，也可以說成是修飾全句的修飾詞。首先，Ⅰ，連用修飾詞成爲主題時的情況，然後是Ⅱ，述語（有連用的連用修飾詞也可）成爲主題時的情況。用下面句型[A]的例文來觀測一下。

（例文）　　　「きのう^(注)　丸善^(注)で　本を　買った」（ⅲ）
　　　　　　　　m₁　　　m₂　　　m₃　　p

Ⅰ　將連用修飾詞（一個或以上）作爲主題的話，分別加助詞"は"放在句首。

　　a）用"丸善で"（m_2）作爲主題的時就成爲：

　　　　　丸善では　　　きのう　　　本を　　　買った
　　　　　　m₂　　　　　m₁　　　　m₃　　　　p

　　這樣，用　（m_2＋ は)｛(m_1 m_3)*p｝　來表現。

　　b）"きのう"（m_1）和「本を」（m_3）成爲主題時：

　　　　　きのうは　　　本をは　　　丸善で　　　買った
　　　　　　m₁　　　　　m₃　　　　m₂　　　　p

　　用　(m_1＋ は) (m_3＋ は) (m_2*p)　表現。

注）丸善：書店名

　　這樣，句型[A]的句子變形爲如下：

$$(m'_1 + \text{は}) \, (m'_2 + \text{は}) \cdots (m'_i + \text{は}) \, \{ (m'_{i+1} \, m'_{i+2} \cdots m'_n)^* p \} \qquad [B]$$

在此，集合$(m'_1, m'_2, \cdots, m'_n)$與集合$(m_1, m_2, \cdots, m_n)$等同，僅僅只是變換了排列方式。

II　述語（有連用修飾詞也可）作爲主題時，需要加上"のは"，放置句首，連用修飾詞要傳遞的資訊之後附上"だ"成爲新的述語。再看剛才的例句。

　　（例文）　　　「きのう　　丸善で　　本を　　　買った」　　　（ⅲ）
　　　　　　　　　　　m_1　　　　m_2　　　m_3　　　　p

　　a) 以"きのう　丸善で　買った"$\{ (m_1 \, m_2) * p \}$ 成爲主題，要傳遞的資訊爲"本を"（m_3）：

　　　　　　　きのう　　　丸善で　　買った　　のは　　　本を　　だ
　　　　　　　m_1　　　　m_2　　　p　　　　　　　　m_3

　　即，表現爲$\{ (m_1 \, m_2)^* p + \text{のは} \}^* \underline{(m_3 + \text{だ})}$，這里的$p_1$是新的述語。
　　　　　　　　　　　　　　　　　　　　　　　p_1

　　b) 以"本を買った"（$m_3 * p$）爲主題，希望傳遞"きのう"（m_1）這個資訊的時候

　　　　　　　本を　　　買った　　のは　　きのう　　だ
　　　　　　　m_3　　　p　　　　　　　m_1

　　即，表現爲$(m_3 * p + \text{のは})^* \underline{(m_1 + \text{だ})}$，這里的$p2$是新的述語。
　　　　　　　　　　　　　　　　　　　　　　$p2$

　　c) 以"買った"（p）爲主題，希望傳遞「丸善で」（m_2）這個資訊的時候：

　　　　　　　買ったのは　　　丸善（で）　　だ
　　　　　　　　p　　　　　　$m2$

31

即，表現爲(p + のは)*$\underbrace{(m_2+だ)}_{P_3}$ 。這裡的p_3是新的述語。

這樣，之前的句型[A]也可以變現爲：

{(m''$_1$ m''$_2$ ⋯ m''$_j$)*p + のは}*(m''$_{j+1}$ + だ) (j+1≤n)　　　[C]

在此，集合(m''$_1$,m''$_2$,⋯,m''$_j$,m''$_{j+1}$)是集合(m$_1$,m$_2$,⋯,m$_n$)的一部分。 將上述整理後得出以下的結論：

一個述語同n個連用修飾詞構成[A]句型，同時還可以根據所選話題的不同，成爲[B]或[C]。

[A]　(m$_1$ m$_2$⋯ m$_n$)*p

[B]　(m'$_1$+ は) (m'$_2$+ は)⋯(m'$_i$+ は) { (m'$_{i+1}$ m'$_{i+2}$⋯m'$_n$)*p}

[C]　{(m''$_1$ m''$_2$ ⋯ m''$_j$)*p + のは}*((m''$_{j+1}$+だ) (j+1≤n)

句型[A]：　　　　　句型[B]：　　　　　　　　　　　　句型[C]：

連用修飾詞 * 述語　　話題+は　　　話題+は　　　話題+「のは」

　　　　　　　　　　　　　　　　　　　　　　　　　　　　　*

　　　　　　　　　連用修飾詞 * 述語　　　　　　新述語（…だ）

還有，關於修飾詞的順序，越是重要的越靠近述語。因此，相對於英語的S、V、O的位置以及表示時間、地點的副詞等的語順有明確規定而言，可以清楚地意識到其間的差異。而且，英語的S或O是否作爲話題，從表面上看沒有什麼差異。剛才所舉的例子"I'll buy it"也是，日語會根據情況變化爲"買います"、"それを買います""それは買います""私が買います""私は買います""それは私が買います""私はそれは買います"等，並非同英語是一對一的對應。

32

　　通過上面的觀察瞭解到，原先用來表示的句子結構"N1はN2だ"還有"N1がN2をV"以及"N1でN2をV"等，這樣的句子結構其實並不存在，是虛擬的表現。當然，查閱各種文章，偶爾也會有這樣的結構，使用這些偶爾才出現的句子去同英語的S-V-O對應，將其當做爲普通的規則去教，這只能說是無視日語固有的形態。

　　述語定下後，在其前面放置需要的辭彙，這才是日語句子構建方式，是表達道地的日語的要點所在。還有，從日本人絕對不會錯用助詞這一事實上也可以明確這一點。（因爲助詞只能是根據述語而定。）

◎嘗試去用精短的句子去表達

　　理解了上述原理後，表達日語就變得簡單了。總之，定下述語，再添加上需要的詞在就可以了。即便沒有任何添加，也已經是足夠好的句子了。特別是回答問題的時候，告訴學生不管問題有多長，回答要盡可能地簡短。但是，述語是不可以省略的。下麵的會話練習很起作用。

　きのうはどこへ行ったんですか。　　動物園へ行ったんです／動物園です。

　だれと行ったんですか。　　　　　友だちと行ったんです／友だちとです。

　どうやって行ったんですか。　　　地下鉄で行ったんです／地下鉄（で）です。

　どのぐらいかかりましたか。　　　30分ぐらいかかりました／30分ぐらいです。

　　初學者通過這樣的短句練習，對自己想表達的能夠用最基本的詞語很自然的日語去表達。這並非是把長句子省略後變成的短句子，而是只用需要的詞而形成的短句子。也就是因爲這樣，才構成了"道地的日語"吧。

不要將"ている"簡單地當做現在進行時的"be+動詞的現在分詞"去教

　　根據經驗，學生通常都是按照所教的（嚴格地說，是按照所接受的印象）去

執行。這不僅只限於日語，其他方面也同樣。學生在使用日語時通常是按照所教的那樣去用。而且，先教的內容往往更容易接受。因此，如果在教“ている”形的用法時，總是做“今、何をしているんですか。”、“今、新聞を読んでいるんです。”等這樣的練習的話，學生也就順理成章地將“ている”當做了“be＋動詞的現在分詞”去理解了。也就是說，所接受到的就是這個印象。繼而，對“be＋動詞的現在分詞”所表現的不久的將來的情況時也用“ている”去表達。對此，總是批評學生用的不對，其實這應該是教的不對。是教的方法上有問題。

對“ている”的用法，不應該只按照英語的語法去對應，而是應該根據日語本身的概念去教。就是說，不要只強調現在進行時這一個用法，而是對“ている”所涉及的所有特點、概念都要說明。英語的“I'm reading a newspaper now.”，“I read the newspaper every morning.”，“I live in Tokyo.”，“I'm married.”等不同的時態（be＋動詞的現在分詞、一般現在時、be＋動詞的過去分詞）的表現，用日語則都可以用“ている”去表達：“今、新聞を読んでいる”、“毎朝、新聞を読んでいる”、“東京に住んでいる”、“結婚している”，能這樣用一定是有它的原因。這四句甚至更多的句子一定有什麼是相通的，而找到這個相通的東西（特點、規則），才開始意識到日語特有的體系，按照這個體系去教學才正確。不需要套用英語語法進行說明。

本教材，將“ている”所表達的“持續的動作，狀態，重複（習慣等）的行爲等意思，用一次課的時間綜合地進行了梳理。例如：“読んでいる”這句話同“今”“毎朝”“朝日新聞を”等 詞語一起使用的話則成爲“I'm reading a newspaper now.”、“I read the newspaper every morning.”、“I read ／subscribe the Asahi Shinbun”等不同的英語，因爲有“持續和重複”等相同的特徵的原因，所以一併結合起來教學。

"ている"：持續・重複　　　　　　　　"be + ---ing"：未結束

持續的狀態
重複的行爲、事情　　　現在
進行時　　　不久的將來

（日語的"ている"與英語的"be + ---ing"並非等同。）

　　總之，要讓學生掌握"ている"的概念，針對一個句子要考慮在多種情況下的狀況並附上英語。上述的"読んでいる"之外，再看"行っている"這個詞有

* 今、大学に行っている。（他目前在大學［現在］　或　他在這所大學上課）
* バスで大学に行っている。（他坐公車去大學.）

等情形。這樣教學生能讓他們對"ている"這個詞所含的意思、詞境等有較好的掌握。繼而，才能說出"毎日新聞を読んでいます"、"毎日一時間勉強しています"這樣的句子，這樣的日語要比"毎日新聞を読みます"、"毎日一時間勉強します"顯得更加自然。

35

正確地教數詞

　　對外國人來說，學習數詞以及對事物的計數方式都是個難點。難就難在對待不同的事物計數的方式不同。同一個詞，比如說"ほん"這個詞，數量不同會變成"ぼん"或"ぽん"。不過，這種變化是有規可循的，則按照規則去教。傳統教學強調對平的東西用"まい"，長的東西用"ほん"，"まい"沒有變化，卻輕視了將"ほん"變成　"ぼん"、"ぽん"的規則。對學生而言，重要之處在於掌握這樣變化的規則。瞭解了規則，當再碰到新詞時，也能夠運用自如了。

　　因此，爲了對此規則有較好地理解，本教材將匯總具有相同規則的辭彙，在同一課內列出。例如11課是以"さしすせそ"開始的，就舉出"さつ"、"才"、"週間"、"センチ"，1、8、10變成促音"っ"，又比如13課是以

"はひふへほ"開始的，則舉出"本"、"匹"、"杯"，1、6、8、10是"ぱぴぷぺぽ"，3同疑問詞成爲"ばびぶべぼ"，讓學生這樣去學。這樣，以後碰到像"泊"這樣的新詞時也清楚該怎麼用了。

結語

收錄在本教材裡的內容，迄今也在一邊改良一邊實踐於課堂教學。需要改進的地方還有很多，但爲了讓更多的人了解這種全新的方法，故出版本教材。

爲了讓初學者能更容易地看懂，教材中會話和練習部分出現的動詞、助詞以及必要的語句都添加了下劃線（1至10課）。關於"動詞活用的種類和用法"，爲了讓學習者能一目了然，另附一覽表。

此外用於學習動詞活用規則的"動詞速記表"及"50音圖"及電腦相關軟體都獲得了專利。（特許第1780123）

1988年6月

海老原　峰子

值中文版出版之際

值此中文版付梓出版之際，向爲本教材的翻譯工作傾注心血的中國日語教育專家金哲博士，以及由金博士率領的翻譯團隊、許君、劉長生、黃清清、李晨曦、歐陽雅芬、劉文琪、王素素、韋華鳳、樂鎮成、衛萍萍等各位成員表示衷心的感謝。

海老原　峰子

動詞速記表（日本専利　NO.1780123）

表—1　動詞活用

動詞形式	G-1 （例：いく）	G-2 （例：おきる）	不規則 くる	不規則 する
ない-形	いか<u>な</u>い	お<u>き</u>ない	こない	しない
ます-形	いきます	おきます	きます	します
基本形	い<u>く</u>	おき<u>る</u>	くる	する
假定形／可能形	いけば／いけ<u>る</u>	おきれば／おき<u>られる</u>	くれば／こ<u>られる</u>	すれば／できる
意志形	いこう	おきよう	こよう	しよう
て-形	（見表—2）	おき<u>て</u>	きて	して

*參照課文1 "いく"和"くる"、課文3 "おきる"和"する"、課文7可能形

表—2　G-1動詞的て-形和た-形

行	か き く け こ	が ぎ ぐ げ ご	さ し す せ そ	た　ら　わ ち　り　い つ　る　う て　れ　え と　ろ　お	な　ば　ま に　び　み ぬ　ぶ　む ね　べ　め の　ぼ　も	例外
て-形	―いて	―いで	―して	―って	―んで	
た-形	―いた	―いだ	―した	―った	―んだ	
例子	き<u>く</u> ↓	およ<u>ぐ</u> ↓	はな<u>す</u> ↓	ま<u>つ</u>　かえ<u>る</u>　い<u>う</u> ↓　　↓　　↓	し<u>ぬ</u>　よ<u>ぶ</u>　よ<u>む</u> ↓　　↓　　↓	い<u>く</u> ↓
て-形	きい<u>て</u>	およい<u>で</u>	はなし<u>て</u>	ま<u>って</u>　かえ<u>って</u>　い<u>って</u>	し<u>んで</u>　よ<u>んで</u>　よ<u>んで</u>	い<u>って</u>
た-形	きい<u>た</u>	およい<u>だ</u>	はなし<u>た</u>	ま<u>った</u>　かえ<u>った</u>　い<u>った</u>	し<u>んだ</u>　よ<u>んだ</u>　よ<u>んだ</u>	い<u>った</u>

*參照課文4和5　G-1動詞的て-形

動詞活用的種類和用法（1）

（參照 "動詞速記表" 中的動詞活用規則）

例 "いく"

1．ない-形	いかない	
2．ます-形	いきます	
3．基本形	いく	
4．假定形	いけば	4'可能形　いける
5．意志形	いこう	
6．て-形	いって	

用法	例子	涉及課文
1．簡體的否定句	がっこうへ　いかない。	1
	（我不去學校。）	
敬體（んです）的否定句	がっこうへ　いかないんです。	1
	（我不去學校。）	
否定請求／忠告	がっこうへ　いかないでください。	4
	（請不要去學校。）	
2．敬體肯定句	がっこうへ　いきます。	1
	（我去學校。）	
3．簡體的肯定句	がっこうへ　いく。	1
	（我去學校。）	
敬體（んです）的肯定句	がっこうへ　いくんです。	1
	（我去學校。）	
4．詢問別人的意見	いつ　いけば　いいですか。	2
	（我什麼時候去合適？）	
5．說話者的打算／想法／主意	あした　いこう　とおもいます。	2
	（我計畫明天去。）	
6．要求／建議	いま　いってください。	2
	（請現在去。）	
4'可能／能力	きょう　いける。	7
	（今天我能去。）	

動詞活用的種類和用法（2）

例 "いく"

現在／将来	過去	動詞→い-形容詞
1．ない-形　いかない	1'なかった-形　いかなかった	
2．ます-形　いきます	2'ます-形　　　いきました	2"たい-形　いきたい
3．基本形　いく	3'た-形　　　　いった	
4．假定形　いけば 5．意志形　いこう 6．て-形　いって ｝無時態		

用法	例子	涉及課文
1－6		1－6
6　持續	がっこうへいっている。 （我一直呆在學校）	17
重複	バスでがっこうへいっている。 （我搭乘公車上學）	17
1'簡體的否定句 　　（過去）	がっこうへいかなかった。 （我沒有去學校）	12
敬體（んです）的否定句 　　（過去）	がっこうへいかなかったんです。 （我沒有去學校）	12
2'敬體的肯定句 　　（過去）	がっこうへいきました。 （我去過學校了）	11
3'簡體的肯定句 　　（過去）	がっこうへいった。 （我去過學校了）	11
敬體（んです）的肯定句 　　（過去）	がっこうへいったんです。 （我去過學校了）	11
2"　願望	びょういんへいきたい。 （我想去醫院）	16

動詞、助動詞、い-形容詞的現在式和過去式

動詞 （參照"動詞速記表"）　例：いく

	現在／將來			過去	
1.	ない-形	いかない	1.	なかった-形	いかなかった
2.	ます-形	いきます／	2.	ます-形	いきました／
	（肯定／否定）	いきません		（肯定／否定）	いきませんでした
3.	基本形	いく	3.	た-形	いった
4.	假定形	いけば			
5.	意志形	いこう		無時態	
6.	て-形	いって			

助動詞（だ／です：用於名詞和な形容詞）

	現在／將來			過去	
1.	否定形	じゃない	1'	否定形	じゃなかった
2.	敬體形	です／	2'	敬體形	でした／
	（肯定／否定）	じゃないです*)		（肯定／否定）	じゃなかったです*)
3.	肯定形	だ	3'	肯定形	だった
4.	假定形	なら			
5.	推量形	だろう		無時態	
6.	て-形	で			

*)「じゃありません」（現在否定）和「じゃありませんでした」（過去否定）屬同類用法

い-形容詞　例："たかい"

	現在／將來			過去	
1.	否定形	たかくない	1'	否定形	たかくなかった
2.	敬體形	たかいです	2'	敬體形	たかかったです／
	（肯定／否定）	／たかくないです**)		（肯定／否定）	たかくなかったです**)
3.	肯定形	たかい	3'	肯定形	たかかった
4.	假定形	たかければ			
5.	推量形	たかかろう		無時態	
6.	て-形	たかくて			

**)「たかくありません」（現在否定）和「たかくありませんでした」（過去否定）屬同類用法

助詞的用法(1)

用法和涉及課文	單獨用法 (注釋1)	增加"は" (注釋2)	增加"も" (注釋3)
(a) 移動方向（第一課）	へ	へは	へも
(b) 目的（第一課）	に	には	にも
(c) 行為／動作的時間（第二課）	に	には	にも
(d) 存在的場所（第八課）	に	には	にも
(e) 句子／從句的主詞（第四課）	が	は （×がは）	も （×がも）
(f) 他動詞的受詞（第三課）	を	は （×をは）	も （×をも）
(g) 可能動詞的受詞（第七課）	が	は （×をは）	も （×がも）
(h) 行為／動作的場所（第四課）	で	では	でも
(i) 方法／手段／媒介（第五課）	で	では	でも
(j) "和"（第五課）	と	とは	とも
(k) 接副詞（第三課）	（無助詞）	は	も

注釋 1　單獨用法

A）該詞語不是句子主題時

B）接在疑問詞的後面

*下面例句的A）和B）請分別參照上述A）和B）的注釋

(a) 移動方向：**へ**

　　A）ぎんこう**へ**　いくんです。（我正在去銀行。）

　　B）どこ**へ**　いくんですか。（你去哪？）

(b) 目的：**に**

　　A）かいもの**に**　いくんです。（我去購物。）

　　B）（無此用法）

(c) 行為／動作的時間：**に**

　　A）じゅういちじ**に**　きてください。（請在11點來。）

　　B）なんようび**に**　いけば　いいですか。（我星期幾去合適？）

　　例外：いつ＿＿　いくんですか。（你什麼時候去？）

　　　　　　（×　いつ**に**　いくんですか。）

(d) 存在的場所：**に**

　　A）はこの　なか**に**　あります。（在箱子裡。）

　　B）どこ**に**　あるんですか。（在哪？）

(e) 句子／從句的主詞：**が**

　　A）かぜ**が**　つよいです。（風很大。）

　　B）だれ**が**　いくんですか。（誰去？）

(f) 他動詞的受詞：**を**

    A）こんばん　しゅくだい**を**　するんです。（今天做作業。）

    B）なに**を**　するんですか。（正在做什麼？）

(g) 可能動詞的受詞：**が**

    A）にほん　りょうり**が**　たべられます。（我能吃日本料理。）

    B）なにご**が**　はなせますか。（你會說什麼語言？）

(h) 動作的場所：**で**

    A）そこ**で**　ラジオを　きこうとおもいます。（我想在那裡聽廣播。）

    B）どこ**で**　およげば　いいですか。（去哪游泳好？）

43

(i) 方法／手段／媒介：**で**

    A）えんぴつ**で**　かいてください。（請用鉛筆寫。）

    B）なん**で**　いけば　いいですか。（我乘坐什麼交通工具去好？）

(j) 「和」：**と**

    A）ともだち**と**　テニスを　やるんです。（和友人一起打網球。）

    B）だれ**と**　いくんですか。（和誰一起去？）

(k) 接副詞：**無助詞**

    A）いま＿＿　いってください。（請現在去。）

    B）まいあさ＿＿　はやく＿＿　おきます。（我在每天早上起的很早。）

注釋2　增加 "は"

在下面的情況中，增加 "は"

　A）在否定回答中否定某事時使用。

　B）提示某事或某物爲句子主題。在這種情況下，接 "は" 的詞通常放在句子的開頭。（參考第三課。）

*下面例句的A）和B）請分別參照上述A）和B）的注釋。

(a) 移動方向：へ　→　へは

　A）X：かいしゃ**へ**　いくんですか。（你去上班嗎？）

　　　Y：いいえ、かいしゃ**へは**　いかないんです。（不，我不去上班。[去其他地方。]）

　B）X：どこ**へ**　いくんですか。（你去哪？）

　　　Y：ゆうびんきょく**へ**　いくんです。（我去郵局。）

　　　X：ぎんこう**へは**　いつ　いくんですか。（什麼時候去銀行？）

　　　Y：ぎんこう**へは**　あした　いくんです。（明天去銀行。）

(b) 目的：に　→　には

　A）X：かいもの**に**　いくんですか。（去買東西嗎？）

　　　Y：いいえ、かいもの**には**　いかないんです。（不，不去買東西。[做其他事情。]）

　B）X：えいが**に**　いくんです。（去看電影。）

　　　Y：かいもの**には**　いかないんですか。（不去買東西嗎？）

　　　X：かいもの**には**　らいしゅう　いきます。（下週去買東西。）

(c) 行爲／動作的時間：に → には

A) X：きょうかいへは　にちようびに　いくんですか。（星期天去教會嗎？）

Y：いいえ、にちようびには　いかないんです。（不，星期天不去教會。
[改天去。]）

B) X：まいにち　かいしゃへ　いくんです。でも　にちようびには　いか
ないんです。（我每天去上班。但是，星期天不去。）

Y：にちようびには　なにを　するんですか。（星期天做什麼？）

X：にちようびには　きょうかいへ　いきます。（星期天去教會。）

(d) 存在的場所：に → には

A) X：おねえさんは　したに　いらっしゃいますか。（姐姐在樓下嗎？）

Y：いいえ、あねは　したには　おりません。（不，姐姐不在下面。）

B) X：きょうとに　いくんです。（我去京都。）

Y：きょうとには　なにが　あるんですか。（京都有什麼？）

X：きょうとには　おてらが　たくさん　あります。（京都有很多寺廟。）

(e) 句子／從句的主詞：が → は

A) X：きむらさんが　いくんですか。（木村去嗎？）

Y：いいえ、きむらさんは　いかないんです。（不，木村不去。[其他人
去。]）

B) X：にほんへは　だれが　いくんですか。（誰去日本？）

Y：たなかさんが　いくんです。（田中去。）

X：たなかさんは　いつ　いくんですか。（田中什麼時候去？）

(f) 他動詞的受詞：を → は

　　A）X：きょう　テニス**を**　するんですか。（今天打網球嗎？）

　　　　Y：いいえ、テニス**は**　しません。　（不，不打網球。[今天作其他事
　　　　　　情。]）（參照(k)）

　　B）X：なに**を**　するんですか。（去做什麼？）

　　　　Y：テニス**を**　するんです。（去打網球。）

　　　　X：テニス**は**　どこで　するんですか。（在哪打網球？）

(g) 可能動詞的受詞：が → は

　　A）X：そのひとは　にほんご**が**　はなせるんですか。（他會說日語嗎？）

　　　　Y：いいえ、にほんご**は**　はなせないんです。（不，他不會說日語。[會
　　　　　　說其他語言。]）

　　B）X：なにご**が**　はなせるんですか。（你會說什麼語言？）

　　　　Y：えいご**が**　はなせます。（我會說英語。）

　　　　X：にほんご**は**　はなせますか。（會說日語嗎？）

　　　　Y：にほんご**は**　すこし　はなせます。（會說一點日語。）

(h) 行為／動作的場所：で → では

　　A）X：そこ**で**　およぎます。いいですか。（在那裡游泳。可以嗎？）

　　　　Y：すみません、そこ**では**　およがないでください。（對不起，請不要
　　　　　　在那裡游泳。[可以在其他地方游泳。]）

　　B）X：どこへ　いくんですか。（去哪？）

　　　　Y：がっこうへ　いくんです。（去學校。）

　　　　X：がっこう**では**　なにを　するんですか。（在學校做什麼？）

　　　　Y：がっこう**では**　べんきょうします。（在學校學習。）

(i) 方法／手段／媒介：で → では

  A) X：バス**で**　いくんですか。（搭乘公車去嗎？）

    Y：いいえ、バス**では**　いかないんです。（不，不搭公車去。[用其他方

      法去。]）

  B) X：バスか　タクシー**で**　きてください。（請搭乘公車或計程車來。）

    Y：バス**では**　どのぐらい　かかりますか。（搭公車需要多長時間？）

    X：さんじっぷんぐらいです。タクシー**では**　じゅうごふんぐらいで

      す。（大概30分。坐計程車大概15分。）

(j) "和"：と → **とは**

  A) X：えいがには　いとこ**と**　いくんですか。（你和你堂兄弟去看電影

      嗎？）

    Y：いいえ、いとこ**とは**　いかないんです。（不，不和堂兄弟去看電

      影。[和其他人去。]）

  B) X：やまださん**と**　テニスを　するんです。（和山田一起去打網球。）

    Y：やまださん**とは**　よく　するんですか。（你經常和他一起去嗎？）

    X：ええ、よく　します。（是的，經常和他一起去。）

(k) 接副詞：**無助詞** → **は**

  A) X：きょう　テニスを　するんですか。（今天去打網球嗎？）

    Y：いいえ、きょう**は**　しません。（不，今天不去打網球。[改天打。]）

  B) X：まいにち　しちじに　おきます。でも　あした**は**　ごじに　おきま

      す。（每天7點起。但是，明天5點起。）

    Y：どうして　ごじに　おきるんですか。（為什麼5點起？）

    X：あした**は**　ジョギングを　するんです。（明天要去跑步。）

注釋3　增加 "も"（也）參照第3課

(a) 移動方向：へ　→　へも

とうきょうへ　いくんです。おおさか**へも**　いきます。

（去東京。也去大阪。）

(b) 目的：に　→　にも

かいものに　いきます。えいが**にも**　いきます。（去買東西。也去看電影。）

(c) 行爲／動作的時間：に　→　にも

X：がっこうへは　げつようび**に**　いきます。（星期一去學校。）

Y：もくようび**にも**　いきますか。（星期四也去嗎？）

X：いいえ、もくようび**には**　いきません。（不，星期四不去。）

(d) 存在的場所：に　→　にも

でんわは　ここ**に**　あります。　あそこ**にも**　あります。

（在這邊有電話。那邊也有電話。）

(e) 句子／從句的主詞：が　→　も

X：きょうは　たなかさん**が**　きます。（今天田中去。）

Y：やまださん**は**　こないんですか。（山田沒來嗎？）

X：やまださん**も**　きます。（山田也來了。）

(f) 他動詞的受詞：を　→　も

わたしは　テニス**を**　します。ゴルフ**も**　します。（我打網球。也打高爾夫。）

(g) 可能動詞的受詞：**が** → **も**

たなかさんは　えいご**が**　はなせます。フランスご**も**　はなせます。

（田中會說英語。也會說法語。）

(h) 行爲／動作的場所：**で** → **でも**

X：べんきょうは　がっこう**で**　します。（在学校學習。）

Y：うち**でも**　するんですか。（在家也学習嗎？）

X：はい、うち**でも**　します。（是的，在家也学習。）

(i) 方法／手段／媒介：**で** → **でも**

X：まいにち　なに**で**　かいしゃへ　いくんですか。

　　（每天搭乘什麼交通工具上班？）

Y：バス**で**　いくんです。Xさんは。（搭公車上班。X呢？）

X：わたしは　でんしゃ**で**　いくんです。ときどき　バスでも　いきます。

　　（我坐電車上班。有時也坐公車上班。）

(j) "和"：**と** → **とも**

たいてい　ともだち**と**　いきます。ときどき　いとこ**とも**　いきます。

（一般和朋友一起去。有時也和堂兄弟一起去。）

(k) 接副詞：**無助詞** → **も**

X：きょう＿＿　テニスを　するんです。（今天打網球。）

Y：あした**も**　しますか。（明天也打嗎？）

X：はい、あした**も**　します。（是的，明天也打。）

助詞的用法 (2)

助詞用於表示場所

(a) **方向**　　　　　　いく（去）くる（來）かえる（回去，回來）

　　⎯⎯⎯⎯⟶　　かよう（去「定期地」）
　　へ／に
　　　　　　　　　　　　　　　　　　　　　　（參照第1課）

　　例：がっこうへ／に　いく。（我去學校）

　　　　ここへ／に　くる。（我要來這裡）

　　　　うちへ／に　かえる。（我要回家）

　　　　バスで　がっこうへ／に　かよう。（我乘坐公交車去學校）

(b) **行爲、動作的場所**　　きく（聽）　　およぐ（游泳）

　　⎯⎯⎯⎯⎯　　　　あう（遇見）　まつ（等待）　　たべる（吃）
　　（　で　）
　　⎯⎯⎯⎯⎯
　　　　　　　　　　　　　　　　　　　　　　（參照第4課）

　　例：ここで　ラジオを　きく。（在這裡聽廣播）

　　　　うみで　およぐ。（在海裡游泳）

　　　　うえのえきで　あう。（在上野車站相遇）

　　　　ここで　まつ。（在這裡等）

　　　　ファミレスで　たべる。（在家庭餐館吃）

(c) **狀態、存在**　　　　ある／いる（狀態）　　すむ（居住）

　つとめる（工作）

　　　　　　　　　　　　　　　　　　　　　　（參照第8課）

　　例：はこの　なかに　ある。（在盒子裡面）

　　　　ちちは　なかに　いる。（爸爸在裡面）

　　　　めぐろに　すんでいる。（住在目黑）

　　　　ぎんこうに　つとめる。（在銀行工作）

(d) 離開的場所　　　　でる（離開、出去、出來）

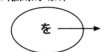
　　　　　　　　　　たつ（離開）おりる（下來、離開）

（參照第11課）

例：ろくじに　うちを　でた。（我六點從家裡出發）

　　あした　とうきょうを　たつ。（明天我會離開東京）

　　しんじゅくで　バスを　おりる。（我在新宿下車）

(e) 朝……、進入……　はいる（進入）　つく（到達）　のる（乘坐）

（參照第12課）

例：マクドナルドに　はいる。（我們進入了麥當勞）

　　いちじに　きょうとに　ついた。（一點到達京都）

　　はちじの　でんしゃに　のる。（乘八點的電車）

(f) 在……裡／穿過／經過　はしる（奔跑）　あるく（步行）

　　　　　　　　　　　　とおる（穿越）

（參照第18課）

例：こまざわ　こうえんを　はしった。（我在駒澤公園裡跑步）

　　みちを　あるく。（走在路上）

　　この　バスは　びょういんを　とおる。（這趟公交車經過醫院）

接續詞的種類和用法

一個句子	兩個句子	含義	涉及課文
(a) ＿A＿から、＿B＿。	＿A＿。だから＿B＿。	因為A　因此B。	第15課
(b) ＿A＿けど、＿B＿。	＿A＿。でも＿B＿。	雖然A　可是B。	第17課
(c) ＿A＿て、＿B＿。	＿A＿。そして＿B＿。	A然後B。	第20課

例：(a) たかかったから、あきらめた。

たかかった。だから　あきらめた。

（太貴了，因此沒有買。）

(b) まいにち　べんきょうしているけど、むずかしい。

まいにち　べんきょうしている。でも　むずかしい。

（雖然我每天都努力學習，但還是覺得很難。）

(c) あさごはんを　たべて、しんぶんを　よむ。

あさごはんを　たべる。そして　しんぶんを　よむ。

（吃過早飯之後看報紙。）

あいさつとマナー（問候和禮儀）

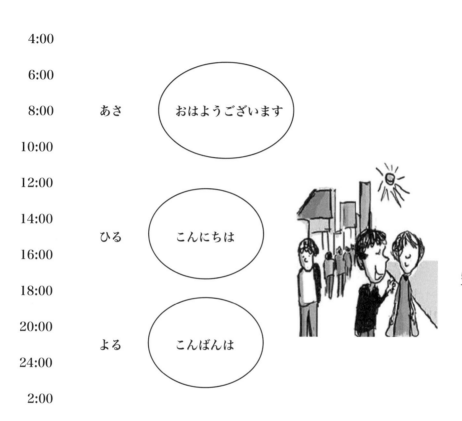

4:00		
6:00		
8:00	あさ	おはようございます
10:00		
12:00		
14:00	ひる	こんにちは
16:00		
18:00		
20:00	よる	こんばんは
24:00		
2:00		

しつれいします

さようなら

がっこう

54

きょうしつで　つかう　ことば（教室用語）

(1) はじめましょう。　　　　　　　　　　　　　我們開始吧！

(2) いっしょに　いってください。　　　　　　　請一起說。

(3) もういちど　いってください。　　　　　　　請再說一次。

(4) （對老師說）ゆっくり　おっしゃって　ください。　請說慢一點。

(5) きいてください。　　　　　　　　　　　　　請聽以下內容。

(6) きょうかしょを　みてください。　　　　　　請看教科書。

(7) いっしょに　よんでください。　　　　　　　請一起讀。

(8) なまえを　かいてください。　　　　　　　　請寫下你的名字。　　55

(9) わかりますか。　　　　　　　　　　　　　　你懂了嗎？

(10) わかります。　　　　　　　　　　　　　　　我懂。

(11) わかりません。　　　　　　　　　　　　　　我不懂。

(12) しつもんは　ありますか。　　　　　　　　　有任何問題嗎？

(13) ありません。　　　　　　　　　　　　　　　沒有。

(14) おわりましょう。　　　　　　　　　　　　　那就下課吧！

だい1か 「どこへ いくんですか。」 （你要去哪裡？）

かいわ 1 （上午4:00-10:00）

チャン：おはよう ございます。

きょうし：おはよう ございます。おなまえは。

チャン：チャンです。はじめまして、よろしく おねがいします。

きょうし：チャンさんは ちゅうごくじんですか。

チャン：はい、そうです。

……

きょうし：さようなら。

チャン：さようなら。

かいわ 2 （ひる：上午10:00-晚上7:00）

たなか：こんにちは。

さとう：こんにちは。どこへ いくんですか。

たなか：がっこうへ いくんです。さとうさんは かいしゃへ
　　　　いくんですか。

さとう：いいえ、かいしゃへは いかないんです。かいものに いくんです。

たなか：それじゃ、また。しつれいします。

さとう：しつれいします。

ぶん　（句）

句子種類

　　1）動詞述語句

　　2）名詞述語句（參照第9課）

　　3）形容詞述語句（參照第10課）

どうし　　（動詞）

1. 所有動詞可以分成三類：G-1動詞，G-2動詞和不規則動詞。

　　G-1動詞和G-2動詞的活用形變化也是不同的。

　　不規則動詞只有兩個，"くる（來）"和"する（做）"。

2. "いく（去）"和"くる"的六種基本活用形

	いく(G-1)	くる(不規則)
ない-形	いかない	こない
ます-形	いきます	きます
基本形	いく	くる
假定形	いけば	くれば
意志形	いこう	こよう
て-形	いって	きて

　　1）所有G-1動詞都有自己的活用形，"いく"是"かきくけこ"的活用
　　　　形。各種形式裡的"ない"、"ます"、"ば"、"う"的部分對於所
　　　　有G-1動詞來說是通用的。

　　2）"くる"是兩個不規則動詞之一。

3. 六種基本活用形和六個公式

    1）ない-形　＋　んです

    2）ます-形　…ます／ません

    3）基本形　＋　んです

    4）假定形　＋　いいですか

    5）意志形　＋　とおもいます

    6）て-形　＋　ください

4. 在第一課裡，我們來學習公式(1)、(2)、(3)。

公式	"いく"	"くる"
(1)	いかないんです	こないんです
(2)	いきます／いきません	きます／きません
(3)	いくんです	くるんです

現在／將來的句詞尾

		敬體 ます-型	簡體	敬體 んです-型
いく	肯定	いきます(ます-形)	いく(基本形)	いくんです
	否定	いきません	いかない(ない-形)	いかないんです
くる	肯定	きます(ます-形)	くる(基本形)	くるんです
	否定	きません	こない(ない-形)	こないんです

5. "くる"被使用在以下情況：

　　1）說話者回到現在的位置。但是自己的家不能用"くる"。

　　2）聽話者或者第三者來到了說話者現在的位置。或者說話者的家。

　　若與此相反，則使用"いく"。

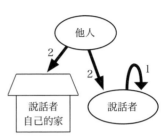

じょどうし（助動詞）"です"（參照第9課）

1. 名詞述語句：名詞＋"です"

2. "です"表示對人、事物或其狀態的斷定。

　　例　チャン<u>です</u>。（我是小張。）

　　　　そう<u>です</u>。（那是對的。）

　　　　⇒相對的："ちがいます"（那是錯的／我不是，等等。）

じょし (助詞)

　　助詞接在名詞、代名詞或者某些副詞和形容詞後表明這個詞在句子中所起到的作用。

　　助詞包括格助詞、副助詞和終助詞等。

1. 主題：は（副助詞）

　　例　おなまえは。（請問你叫什麼名字？）

　　　　チャンさん<u>は</u>　ちゅうごくじんですか。（張先生是中國人嗎？）

2. 移動方向：へ（格助詞）

　　例　がっこう<u>へ</u>　いくんです。（我去學校。）

3. 目的：に（格助詞）

　　例　かいものに　いくんです。（我去買東西。）

4. 否定：は（副助詞）

　　例　かいしゃへは　いかないんです。（我不去公司。）

助詞也可以接在句末：

5. 表示疑問的句子末尾：か（終助詞）

　　例　どこへ　いくんですか。（你去哪兒？）

そのた　（其他）

1. ～さん（先生／女士／小姐）

　　"さん"是一個表示敬意的接尾詞。"姓氏＋さん"　通常在稱呼或提到第二人稱第三人稱的時候使用。

2. さようなら／しつれいします（再見）

　　"しつれいします"　可以在任何狀況下使用。

3. はい／いいえ

　　"はい"表示"是。（那是對的。）""いいえ"表示"不。（那是錯的。）"

れんしゅう　（練習）

ことば（單詞）
がっこう　かいしゃ　ゆうびんきょく
ここ　　　そこ
かいもの　えいが

どこ（哪裡）

いく

(1) A：どこ<u>へ</u>　いきます　か／いくんですか。

　　B：かいしゃ<u>へ</u>　いきます／いくんです。

(2) A：ゆうびんきょく<u>へ</u>　いきます　か／いくんですか。

　　B：はい、いきます／いくんです。

　　　　いいえ、（ゆうびんきょく<u>へは</u>）いきません／いかないんです。

61

(3) A：えいが<u>に</u>　いきます　か／いくんですか。

　　B：はい、いきます／いくんです。

　　　　いいえ、（えいが<u>には</u>）いきません／いかないんです。

(4) A：がっこう<u>へ</u>　きます　か／くるんですか。

　　B：はい、きます／くるんです。

　　　　いいえ、（がっこう<u>へは</u>）きません／こないんです。

くる

(5) A：ここへ　きます　か／くるんですか。

　　B：はい、いきます／いくんです。

　　　　いいえ、（そこ<u>へは</u>）いきません／いかないんです。

ばしょ　（場所）　「……へ　いく」

がっこう　　　　　　　　　　かいしゃ　　　　　　　ゆうびんきょく

もくてき　（目的）　「……に　いく」

かいもの　　　　　　　　　えいが

單詞	詞性	漢字	意義
あいさつ	名詞	挨拶	寒暄
あさ	名詞	朝	早晨
ありがとうございます			謝謝
いいえ	感嘆詞		不，不是
いく	動詞	行く	去
いっ（か）	數詞	一（課）	一、（第一課）
えいが	名詞	映画	電影
お〜	接頭詞		表示尊敬的接頭辭
おなまえ→なまえ			
おねがいします		お願いします	拜託了
おはようございます		お早うございます	早安
（〜）か	名詞	課	課
〜か	終助詞		表示疑問的終助詞
かいしゃ	名詞	会社	公司
かいもの	名詞	買（い）物	購物
かいわ	名詞	会話	會話
がっこう	名詞	学校	學校
きょうし	名詞	教師	教師
くる	動詞	来る	來
ここ	代名詞		這裡
ことば	名詞	言葉	語言
こんにちは		今日は	你好
さとう	專有名詞	佐藤	佐藤（人名）
さようなら			再見
〜さん	接尾詞		接人名或職務名後 表示尊敬
しつれいします		失礼します	打擾了

63

じょし	名詞	助詞	助詞
～じん	接尾詞	～人	～人
する	動詞		做～
そうです			是的
そこ	代名詞		那裡
そのた	名詞	その他	另外，其他
それじゃ			再見
だい～	接頭詞	第～	第～
たなか	専有名詞	田中	田中（人名）
チャン	専有名詞		張（人名）
ちゅうごく	専有名詞	中国	中國
～です	助動詞		表示判斷的助動詞
どうし	名詞	動詞	動詞
どこ	疑問詞		哪裡
なまえ	名詞	名前	姓名
～に	格助詞		行爲動作的目的
～は	副助詞		提示話題
はい	感嘆詞		是，是的
はじめまして		初めまして／	初次見面
		始めまして	
ばしょ	名詞	場所	場所
ひる	名詞	昼	白天
～へ	格助詞		移動的方向
また	副詞		又，在
もくてき	名詞	目的	目的
ゆうびんきょく	名詞	郵便局	郵局
よろしく		宜しく	請關照
れんしゅう	名詞	練習	練習

だい2か 「なんじに いけば いいですか。」
（幾點去好呢？）

かいわ 1 （よる：晩上7:00～凌晨2:00）

チャン：こんばん<u>は</u>。

きょうし：こんばん<u>は</u>。おげんきですか。

チャン：はい、おかげさまで。せんせい<u>は</u> おげんきです<u>か</u>。

きょうし：はい、ありがとう ございます。

……

チャン：じゃ、おやすみなさい。

きょうし：おやすみなさい。

かいわ 2

たなか：こんど<u>の</u> にちようび<u>に</u> どこか<u>へ</u> いきます <u>か</u>。

さとう：プール<u>へ</u> いこうと おもいます。いっしょに いきます <u>か</u>。

たなか：いいです<u>か</u>。

さとう：ええ。まず、わたし<u>の</u> うち<u>へ</u> <u>きて</u>ください。

たなか：なんじ<u>に</u> いけば いいです<u>か</u>。

さとう：じゅういちじに <u>きて</u>ください。

たなか：わかりました。

どうし

	いく	くる
ない-形	いか<u>な</u>い	こない
ます-形	い<u>き</u>ます	きます
基本形	い<u>く</u>	くる
假定形	い<u>け</u>ば	くれば
意志形	い<u>こ</u>う	こよう
て-形	いって	きて

在第二課裡，我們來學習公式(4)、(5)、(6)。

公式	"いく"	"くる"
(4)	いけばいいですか	くればいいですか
(5)	いこうとおもいます	こようとおもいます
(6)	いってください	きてください

1) 公式(4)　假定形 ＋ いいですか：詢問別人的意見

　　例　なんじに　<u>いけば</u>　<u>いいですか</u>。（幾點去好呢？）

　　　　いつ　<u>いけば</u>　<u>いいですか</u>。（什麼時候去好呢？）

　　　　なんようびに　<u>くれば</u>　<u>いいですか</u>。（星期幾來好呢？）

2) 公式(5)　意志形 ＋ と おもいます：說話者的打算／想法／主意

　　例　プールへ　<u>いこうと</u>　<u>おもいます</u>。（我想去游泳池。）

　　　　げつようびに　<u>いこうと</u>　<u>おもいます</u>。（我想在星期一去。）

　　　　げつようびに　<u>こようと</u>　<u>おもいます</u>。（我想在星期一來。）

3) 公式(6)　て-形 ＋ ください：要求／建議

　　例　わたしの　うちへ　<u>きてください</u>。（請來我家。）

じゅう　いちじに　きてください。（請11點來。）

いま　いってください。（請現在就去。）。

じょし

1. 行爲/動作的時間：に（格助詞）

　　例　こんどの　にちようびに　どこかへ　いきますか。

　　　（這個星期天要出去嗎？）

　　　なんじに　いけば　いいですか。（幾點去好呢？）

2. 連接名詞：の（格助詞）

　　例　こんどの　にちようび（這個星期天）

　　　わたしの　うち（我的家）

だいめいし（代名詞）

わたし，ぼく（我）

提到說話者，只有必要的的時候才會用"わたし"（女性）和"ぼく"（男性）。一般在大家都知道的時候可以省略。男性用語在很正式的情況下也可以用"わたし"。

れんしゅう1

いつ （什麼時候）

なんようび （星期幾）

ことば
いま　きょう　あした
こんしゅう　　らいしゅう

しゅう（星期）
にちようび
げつようび
かようび
すいようび
もくようび
きんようび
どようび

(1) A：いつ　ぎんこう<u>へ</u>　<u>いけ</u>ば　いいです<u>か</u>。
　　B：いま　<u>いって</u>ください。

(2) A：いつ　<u>くれ</u>ば　いいですか。
　　B：あした　もういちど　<u>きて</u>ください。

(3) A：なんようび<u>に</u>　<u>いきます</u>　か／<u>いくん</u>ですか。
　　B：げつようび<u>に</u>　<u>いこう</u>と　おもいます。

(4) A：なんようび<u>に</u>　<u>きます</u>　か／<u>くるん</u>ですか。
　　B：げつようび<u>に</u>　<u>こよう</u>と　おもいます。

れんしゅう2　　（副助詞 "は" 用在否定回答中）

(1) A：にちようび<u>に</u>　<u>いきます</u>　か／<u>いくん</u>ですか。
　　B：はい、<u>いきます</u>／<u>いくん</u>です。

　　　いいえ、にちようび　<u>には</u>　<u>いきません</u>／<u>いかない</u>んです。

(2) A：あした　<u>きます</u>　か／<u>くるん</u>ですか。
　　B：はい、<u>きます</u>／<u>くるん</u>です。

　　　いいえ、あした<u>は</u>　<u>きません</u>／<u>こない</u>んです。

かず（数字）

1　いち	11　じゅういち	30　さんじゅう
2　に	12　じゅうに	40　よんじゅう
3　さん	13　じゅうさん	50　ごじゅう
4　よん／ 　　し	14　じゅうよん／ 　　じゅうし	60　ろくじゅう
5　ご	15　じゅうご	70　ななじゅう／ 　　しちじゅう
6　ろく	16　じゅうろく	80　はちじゅう
7　しち／ 　　なな	17　じゅうしち／ 　　じゅうなな	90　きゅうじゅう
8　はち	18　じゅうはち	100　ひゃく
9　きゅう／ 　　く	19　じゅうきゅう／ 　　じゅうく	1,000　せん
10　じゅう	20　にじゅう	10,000　いちまん

れんしゅう3

(1)　A：なんページですか。

　　　B：（　　　　　）ページです。

(2)　A：なんぎょうめですか。

　　　B：（　　　　　）ぎょうめです。

なんページ：第幾頁
なんぎょうめ：第幾行

單詞	詞性	漢字	意義
いい	い形容詞	良い	好的
いいですか			好嗎？
いち	数詞	一	一
いつ	疑問詞	何時	什麼時候
いっしょに	副詞	一緒に	一起
いま	名詞	今	現在
うち	名詞	家	家
ええ	感嘆詞		是，是的
おかげさまで		お陰様で	托您的福
おげんき→げんき			
おもいます→おもう			
おもう	動詞	思う	想，思考
おやすみなさい		お休みなさい	晩安
かようび	名詞	火曜日	星期三
きゅう	数詞	九	九
きょう	名詞	今日	今天
（〜）ぎょう（め）	名詞、量詞	〜行（目）	第〜行
ぎんこう	名詞	銀行	銀行
きんようび	名詞	金曜日	星期五
く	数詞	九	九
ください	（動詞）		給我〜
げつようび	名詞	月曜日	星期一
げんき	名詞	元気	精神，活力
ご	数詞	五	五
こんしゅう	名詞	今週	這週
こんど	名詞	今度	這次，這回
こんばんは		今晩は	晩上好

さん	數詞	三	三
し	數詞	四	四
～じ	量詞	～時	～點（鐘）
しち	數詞	七	七
じゃ			那麼
（～）じゅう（～）	數詞	（～）十（～）	（～）十（～）
すいようび	名詞	水曜日	星期三
せん	數詞	千	千
～せん・ぜん	數詞	（～）千	（～）千
せんせい	名詞	先生	老師
だいめいし	名詞	代名詞	代名詞
どこか			某地
どようび	名詞	土曜日	星期六
なな	數詞	七	七
なん（～）	疑問詞	何（～）	多少，幾
なんようび		何曜日	星期幾
に	數詞	二	二
～に	格助詞		行爲動作的時間
にちようび	名詞	日曜日	星期日
～の	格助詞		連接名詞
はち	數詞	八	八
ひゃく	數詞	百	百
～ひゃく・びゃく・ぴゃく	數詞	（～）百	（～）百
プール	名詞		游泳池
（～）ページ	量詞		（～）頁
ぼく	人稱代名詞	僕	我
まず	副詞		首先
（～）まん	數詞	～万	～萬

71

～め	接尾詞	～目	第～
もういちど	副詞	もう一度	再一次
もくようび	名詞	木曜日	星期四
よる	名詞	夜	晩上
よん	數詞	四	四
らいしゅう	名詞	来週	下週
ろく	數詞	六	六
わかりました→わかる			知道了
わかる	動詞	分かる	懂，知道
わたし	人稱代名詞	私	我

だい3か 「どうして はやく おきるんですか。」
（你為什麼提早起床？）

かいわ 1

きむら：まいあさ なんじに おきるんですか。

やまだ：しちじに おきます。でも あしたは はやく おきようと
　　　　おもいます。

きむら：どうして はやく おきるんですか。

やまだ：ジョギングを するからです。いっしょに します か。

きむら：はい。じゃ、なんじに おきれば いいですか。

やまだ：ごじはんに おきてください。

きむら：はい。じゃ、おやすみなさい。

やまだ：おやすみなさい。

かいわ 2

たなか：きょうも テニスを するんですか。

さとう：いいえ、きょうは しません。

たなか：どうして しないんですか。

さとう：つかれたからです。

たなか：じゃ、あした するんですか。

さとう：あしたは いそがしいです。

　　　　あさって しようと おもいます。

どうし

1. 動詞的六種基本活用形。"おきる"（起床）和"する"（做）。

	おきる（G-2）	する（不規則）
ない-形	おき<u>ない</u>	しない
ます-形	おき<u>ます</u>	します
基本形	おき<u>る</u>	する
假定形	おき<u>れば</u>	すれば
意志形	おき<u>よう</u>	しよう
て-形	おき<u>て</u>	して

1) G-2動詞的詞幹（基本形去掉"る"）從不變化。每一種動詞活用僅僅只要在詞幹後加上"ない"，"ます"，"る"，"れば"，"よう"和"て"就可以了。

2) "する"是兩個不規則動詞之一。

2. する・どうし（する–動詞）

一些名詞可以通過加"（を）する"變成動詞。

例　でんわ（電話）　→　でんわ（を）する（打電話）

　　べんきょう（學習）　→　べんきょう（を）する（學）

じょし

1. 句子的主題：は（副助詞）（參照第1課）

"は"一般放在句子的開頭部分。"は"在一句話中可以多次使用。

例　あした<u>は</u>　はやく　おきようと　おもいす。（明天我要早起。）

　　おおさか<u>へは</u>　らいしゅう　いきます。（我下周去大阪）

2. も（也）（副助詞）

例　きょう<u>も</u>　テニスを　するんですか。（今天也打網球嗎？）

おおさか<u>へも</u>　いきます。（也去大阪。）

3. 他動詞的受詞：を（格助詞）

　　例　テニス<u>を</u>　するんですか。　（你要打網球嗎？）

　　當加“は”時，“を”省略。

　　例　テニス<u>を</u>　するんですか。　（你要打網球嗎？）

　　　　いいえ、テニス<u>は</u>　しません。（不，我不打。）

　　　　（×　テニス<u>をは</u>　しません。）

　　　　當加“も”時，“を”應該省略。

　　例　しごと<u>を</u>　します。べんきょう<u>も</u>　します。（我既工作，也學習。）

　　　　（×　べんきょう<u>をも</u>　します。）

せつぞくし（接續詞）

でも（但是）

“でも”是口語中使用的，“しかし”是正式場合和書面用語。

そのた

どうして（爲什麼）

含有“どうして”的疑問句必須是“んです-型”，而不是“ます-型”。

　　例　どうして　はやく　おきるんですか。（你爲什麼早起？）

　　　　（×　どうして　はやく　おきますか。）

　　　　どうして　しないんですか。（你爲什麼不做？）

　　　　（×　どうして　しませんか。）

對這個問題的回答既可以在結尾加上“からです”，也可以在結尾加上“んです”。

　　例　ジョギングを　するからです／するんです。（因爲我要慢跑。）

　　　　つかれたからです／つかれたんです。（因爲我累了。）

れんしゅう1　（どうし「おきる」）

> なんじ（幾點）

(1)　A：まいあさ　なんじに　おきるんですか／おきます　か。

　　　B：ろくじ　はんに　おきるんです／おきます。

(2)　A：あした　なんじに　おきるんですか／おきます　か。

　　　B：しちじに　おきようと　おもいます。

(3)　A：あしたは　はやく　おきてください。

　　　B：なんじに　おきれば　いいですか。

　　　A：ごじに　おきてください。

　　　B：はい、わかりました。

れんしゅう2　（どうし「する」、じょし「を」）

> なに（什麼）

> **する・どうし**
>
> ジョギング　を　する　　テニスを　する
> しごと　を　する　　　　べんきょうを　する
> しゅくだい　を　する　　でんわ　を　する

(1)　A：なにを　するんですか／します　か。

　　　B：しごとを　するんです／します。

(2)　A：テニスを　するんですか／します　か。

　　　B：はい、するんです／します。

　　　　いいえ、テニスは　しないんです／しません。

(3)　A：いつ　しゅくだいを　するんですか／します　か。

　　　B：あしたの　あさ　しようと　おもいます。

(4) A：いつ　でんわを　<u>すれば</u>　いいですか。

　　 B：すぐ　<u>して</u>ください。

する・どうし

ジョギングを　する

テニスを　する

べんきょうを　する

しごとを　する

しゅくだいを　する

でんわを　する

77

れんしゅう3　（「どうして」、「からです」）

> どうして（爲什麼）　　からです（因爲）

レッスン

(1)　A：どうして　はやく　おきるんですか。

　　　B：きょうかいへ　いくからです。

(2)　A：どうして　テニスを　しないんですか。

　　　B：にほんごの　レッスンに　いくからです。

　　　　にほんごの　べんきょうを　するからです。

れんしゅう4　（用 "は"[主題]或 "も"[也]填空）

(1)　まいにち　しちじに　おきます。あした＿＿　ごじに　おきます。

　　　まいにち　しちじに　おきます。あした＿＿　しちじに　おきます。

(2)　とうきょうへは　こんしゅう　いきます。

　　　おおさかへ＿＿　らいしゅう　いきます。

　　　とうきょうへは　こんしゅう　いきます。

　　　おおさかへ＿＿　こんしゅう　いきます。

じかん（時間的説法）

じかん（時間）		ふん（分）		
1:00　いちじ	1　いっぷん	11　じゅういっぷん	25　にじゅう 　　ごふん	
2:00　にじ	2　にふん	12　じゅうにふん	30　さんじっぷん／ 　　さんじゅっぷん	
3:00　さんじ	3　さんぷん	13　じゅうさんぷん	35　さんじゅう 　　ごふん	
4:00　よじ	4　よんぷん	14　じゅうよんぷん	40　よんじっぷん／ 　　よんじゅっぷん	
5:00　ごじ	5　ごふん	15　じゅうごふん	45　よんじゅう 　　ごふん	
6:00　ろくじ	6　ろっぷん	16　じゅうろっぷん	50　ごじっぷん／ 　　ごじゅっぷん	
7:00　しちじ	7　ななふん	17　じゅうななふん	55　ごじゅう 　　ごふん	
8:00　はちじ	8　はちふん／ 　　はっぷん	18　じゅうはちふん／ 　　じゅうはっぷん	60　ろくじっぷん／ 　　ろくじゅっぷん	
9:00　くじ	9　きゅうふん	19　じゅうきゅうふん		
10:00　じゅうじ	10　じっぷん／ 　　じゅっぷん	20　にじっぷん／ 　　にじゅっぷん		
11:00　じゅういちじ				
12:00　じゅうにじ				
？　なんじ		？　なんぷん		

單詞	詞性	漢字	意義
あさって	名詞		後天
あした	名詞	明日	明天
いそがしい	い-形容詞	忙しい	忙
いっぷん	數量詞	一分	一分鐘
おおさか	專有名詞	大阪	大阪（地名）
おきる	動詞	起きる	起床
～からです			因為～
きむら	專有名詞	木村	木村（人名）
きょうかい	名詞	教会	教會
じかん	名詞	時間	小時，時間
しごと	名詞	仕事	工作
じっぷん	數量詞	十分	十分鐘
しゅくだい	名詞	宿題	作業
じゅっぷん	數量詞	十分	十分鐘
ジョギング	名詞		慢跑
すぐ	副詞		馬上，立刻
せつぞくし	名詞	接続詞	接續詞
つかれた		疲れた	累了
テニス	名詞		網球
でも	接続詞		但是
でんわ	名詞	電話	電話
とうきょう	專有名詞	東京	東京
どうして	疑問詞		為什麼
なに	疑問詞	何	什麼
にほん（ご）	名詞	日本（語）	日語
はっぷん	數量詞	八分	八分鐘
はやく	副詞	早く	早，早就

～はん	名詞	～半	～點半
ふん	名詞	分	分鐘
～ふん・ぶん・ぷん	量詞	～分	～分
べんきょう	名詞	勉強	學習
まいあさ	名詞	毎朝	每天早上
まいにち	名詞	毎日	每天
～も	副助詞		也
やまだ	專有名詞	山田	山田（人名）
レッスン	名詞		課、課程
ろっぷん	數詞	六（分）	六（分）

だい4か　「うみでは　およがないでください。」
（請不要在海裡游泳。）

かいわ　1

かんこうきゃく：うみで　およごうと　おもいます。いいですか。

かかりの　ひと：うみでは　およがないでください。

かんこうきゃく：どうしてですか。

かかりの　ひと：きょうは　かぜが　つよいからです。

かんこうきゃく：じゃ、どこで　およげば　いいですか。

かかりの　ひと：ホテルの　プールで　およいでください。

かんこうきゃく：わかりました。どうも　すみません。

かいわ　2

スミス：きょうは　ここのかですか。

きむら：ちがいます。とおかです。あしたは　けんこく　きねんびです。

やすみですよ。

スミス：それは　なんですか。

きむら：きっぷです。あした　スキーに　いくんです。いまから　ここで

ラジオを　きこうと　おもいます。いいですか。

スミス：どうぞ、きいてください。なにを　きくんですか。

きむら：ニュースと　てんきよほうを　きくんです。

——よかった。あしたも　はれです。

スミス：よかったですね。

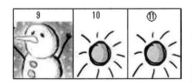

どうし

1. G-1動詞的て–形(1)

	きく （聽）	およぐ（游泳）	はなす（說）
ない-形	き<u>か</u>ない	およ<u>が</u>ない	はな<u>さ</u>ない
ます-形	き<u>き</u>ます	およ<u>ぎ</u>ます	はな<u>し</u>ます
基本形	き<u>く</u>	およ<u>ぐ</u>	はな<u>す</u>
假定形	き<u>け</u>ば	およ<u>げ</u>ば	はな<u>せ</u>ば
意志形	き<u>こ</u>う	およ<u>ご</u>う	はな<u>そ</u>う
て-形	**き<u>いて</u>**	**およ<u>いで</u>**	**はな<u>して</u>**

1) 以 "く" 結尾的動詞按照 "かきくけこ" 活用，它的て–形都是 "いて"
   例：きく→きいて
   這裡有個例外，"いく" 的て–形不是 "いいて" 而是 "いって"。

2) 以 "ぐ" 結尾的動詞按照 "がぎぐげご" 活用，它的て形都是 "いで"。
   例：およぐ→およいで

3) 以 "す" 結尾的動詞按照 "さしすせそ" 活用，它的て–形都是 "して"。
   例：はなす→はなして

2. ない形+でください：否定的要求／建議

例　うみでは　<u>およがないでください</u>。（請不要在海裡游泳。）

じょし

1. 動詞／形容詞／名詞＋助動詞（です）的主詞：が（格助詞）

例　かぜ<u>が</u>　つよいからです。（因爲風太大）

當加 "は" 時，"が" 省略。

例　チャンさん<u>は</u>　ちゅうごくじんですか。（你是中國人嗎？）

　　　　（×　チャンさん<u>がは</u>　ちゅうごくじんですか。）

　　　　きょう<u>は</u>　ここのかですか。（今天是9號嗎？）

　　　　（×　きょう<u>がは</u>　ここのかですか。）

　　當加 "も" 時， "が" 省略。

　　例　あした<u>も</u>　はれです。（明天也晴天。）

　　　　（×　あした<u>がも</u>　はれです。）

2. 行為／動作的場所：で（格助詞）

　　例　うみ<u>で</u>　およごうと　おもいます。（我想在海裡游泳。）

　　　　うみ<u>では</u>　およがないでください。（請不要在海裡游泳。）

3. 加強語氣：よ（終助詞）

　　例　あしたは　やすみです<u>よ</u>。（明天休息。）

4. から（從）（格助詞）

　　例　いま<u>から</u>　　（從現在）

5. と（和）

　　 "と" 是用來連接名詞和代名詞的，不能用來連接句子。

　　例　ニュース<u>と</u>　てんきよほう　（新聞和天氣預報）

6. 征求對方同意：ね（終助詞）

　　例　よかったです<u>ね</u>。（你真是太幸運了，難道不是嗎？）

こそあど系列詞

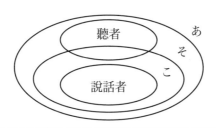

名詞詞性		連體詞
地點	事情	（總是接名詞）
ここ（這兒）	これ（這／這個）	この（這個）
そこ（那兒）	それ（那／那個／它）	その（那個／那／的）
あそこ（那兒 ［比"そこ"更遠］）	あれ（那／那個 ［比"それ"更遠］）	あの（那個／那／它的 ［比"その"更遠］）
どこ（哪兒）	どれ（哪個）	どの（哪個）

日語中有一些"こそあど"系列詞，比如ここ、そこ、あそこ和どこ（這兒、那兒、更遠的那兒和哪兒）。一般的通常用"こ"表示與說話者相關，用"そ"表示與聽者相關或者與說話者、聽者都相關。用"あ"表示的地點／事情／人等距離比"そ"、"こ"所表示的都遠。"ど"是表示疑問。

　　例　ここでは　およがないでください。（請不要在這裡游泳。）

　　　　あそこで　およいでください。（請在那兒游泳。）

　　　　それは　なんですか。（那是什麼？）

そのた

　ちがいます（不，不是的。），相反為"そうです"。

　"そうです"和"ちがいます"是可以回答大部分以"ですか"或"んです
か"提問的句子，除了"形容詞+ですか"。

れんしゅう1　　（要求［肯定和否定］）

(1)　きく　　　→　　　きいてください　　　　　　きかないでください

(2)　かく　　　→

(3)　およぐ　→

(4)　はなす　→

れんしゅう2　　（用適當的助詞填空）

だれ（誰）

ことば	
ラジオ	ニュース
てんきよほう	おんがく
りょうしん	いとこ　　　　ともだち

(1) A：なにを　きくんですか。（賓格）

　　B：ニュース＿　きくんです。（賓格）

(2) A：おんがく＿　きくんですか。（賓格）

　　B：いいえ、おんがく＿　ききません。（賓格，否定）

(3) A：だれが　くるんですか。（主詞）

　　B：りょうしん＿　くるんです。（主詞）

　　A：いとこも　くるんですか。（主詞，也）

　　B：いいえ、いとこ＿　きません。

　　　（主詞，否定）

(4) A：どこで　およぐんですか。（動作的場所）

　　B：あそこ＿　およごうと　おもいます。（動作的場所）

(5) A：うみ＿　およぐんですか。（動作的場所）

　　B：いいえ、うみ＿　＿　およぎません。（動作的場所，否定）

87

ひにち（月和日）

つき（月）			ひ（日）	
1　いちがつ	1　ついたち	11　じゅういちにち	21　にじゅういちにち	
2　にがつ	2　ふつか	12　じゅうににち	22　にじゅうににち	
3　さんがつ	3　みっか	13　じゅうさんにち	23　にじゅうさんにち	
4　しがつ	4　よっか	14　じゅうよっか	24　にじゅうよっか	
5　ごがつ	5　いつか	15　じゅうごにち	25　にじゅうごにち	
6　ろくがつ	6　むいか	16　じゅうろくにち	26　にじゅうろくにち	
7　しちがつ	7　なのか	17　じゅうしちにち	27　にじゅうしちにち	
8　はちがつ	8　ようか	18　じゅうはちにち	28　にじゅうはちにち	
9　くがつ	9　ここのか	19　じゅうくにち	29　にじゅうくにち	
10　じゅうがつ	10　とおか	20　はつか	30　さんじゅうにち	
11　じゅういちがつ			31　さんじゅういちにち	
12　じゅうにがつ				
?　なんがつ		?　なんにち		

れんしゅう3

> なんにち：幾號

(1)　A：らいしゅう<u>の</u>　げつようびは　なんにちです<u>か</u>。

　　　B：（　　　　　　　　）です。

(2)　A：おたんじょうびは　いつです<u>か</u>。

　　　B：（たんじょうび<u>は</u>）（　　　　　　　）がつ（　　　　　　　）です。

88

單詞	詞性	漢字	意義
あそこ	代名詞		那裡
あの～	連體詞		那個～
あれ	代名詞		那個
いつか	名詞	五日	五號，五天
いとこ	名詞	従兄弟、従姉妹	表兄弟，表姐妹
うみ	名詞	海	海
およぐ	名詞	泳ぐ	游泳
おんがく	名詞	音楽	音樂
～が	格助詞		句子／從句的主詞
かかり	名詞	係	擔當，負責人
かく	動詞	書く	寫
かぜ	名詞	風	風
～がつ	接尾詞	～月	～月
～から	格助詞		從～
かんこうきゃく	名詞	観光客	遊客
きく	動詞	聞く	聽，問
きっぷ	名詞	切符	車票／入場券
けんこくきねんび	名詞	建国記念日	建國紀念日
ここのか	名詞	九日	九號
この～	連體詞		這個～
これ	代名詞		這個
スキー	名詞		滑雪
スミス	專有名詞		史密斯（人名）
すみません			對不起
その～	連體詞		那個～
それ	代名詞		那個
だれ	疑問詞	誰	誰

89

たんじょうび	名詞	誕生日	生日
ちがいます→ちがう			
ちがう	動詞	違う	不是
ついたち	名詞	一日	一號
つき	名詞	月	月
つよい	い形容詞	強い	強・強壯
～で	格助詞		行為動作的場所
てんき（よほう）	名詞	天気（予報）	天氣（預報）
～と～	格助詞		和～
どうも	副詞		謝謝；對不起
とおか	名詞	十日	十天，十號
どの～	連體詞		哪個～
ともだち	名詞	友達	朋友
どれ	疑問詞		哪個
なのか	名詞	七日	七天，七號
～にち	接尾詞	～日	～號
ニュース	名詞		新聞
～ね	終助詞		徵求對方認可或同意
はつか	名詞	二十日	二十天，二十號
はなす	動詞	話す	說
はれ	名詞	晴（れ）	晴天
ひ	名詞	日	日，日期
ひと	名詞	人	人
ひにち	名詞	日にち	日期
ふつか	名詞	二日	兩天，二號
ホテル	名詞		旅館
みっか	名詞	三日	三天，三號
むいか	名詞	六日	六天，六號

やすみ	名詞	休み	休息
〜よ	終助詞		呀，呦
ようか	名詞	八日	八天，八號
よかった	良かった		太好了
（〜）よっか	名詞	（〜）四日	（〜）四日
よほう	名詞	予報	預報
ラジオ	名詞		廣播，收音機
りょうしん	名詞	両親	父親和母親

だい5か 「いっしょに やりましょう。」
（我們一起做吧。）

かいわ　1

こばやし：こんど<u>の</u>　にちようび<u>に</u>　ともだち<u>と</u>　テニス<u>を</u>　<u>やるんです</u>。
　　　　　　いっしょに　<u>やりましょう</u>。

やまもと：なんじ<u>から</u>　やるん<u>です</u><u>か</u>。

こばやし：よじ<u>から</u>　ろくじ<u>まで</u>　やるんです。

やまもと：じゃ、なんじ<u>に</u>　どこ<u>で</u>　<u>あえば</u>　いいです<u>か</u>。

こばやし：さんじ　よんじゅうごふん<u>に</u>　うえのえき<u>で</u>
　　　　　　<u>あいましょう</u>。

やまもと：ここ<u>から</u>　うえの<u>まで</u>　どうやって　<u>いけば</u>
　　　　　　いいです<u>か</u>。

こばやし：ちかてつ　ぎんざせん<u>で</u>　<u>いって</u>ください。

やまもと：わかりました。

かいわ　2　（くすりや<u>で</u>）

ほ ん だ：すみません。

てんいん：どう　<u>しましたか</u>。

ほ ん だ：あたま<u>が</u>　いたい<u>んです</u>。

てんいん：じゃ、この　くすり<u>を</u>　<u>のんで</u>ください。

ほ ん だ：いくつ　<u>のめば</u>　いいです<u>か</u>。

てんいん：ふたつ　<u>のんで</u>ください。

ほ ん だ：わかりました。じゃ、これ<u>を</u>　ください。いくらです<u>か</u>。

てんいん：よんひゃく　ごじゅうえんです。

どうし

1. G-1動詞的て–形(2)

	いう（説）	まつ（等）	かえる（回家）	おっしゃる（説）
ない-形	いわない	またない	かえらない	おっしゃらない
ます-形	いいます	まちます	かえります	おっしゃいます[1]
基本形	いう	まつ	かえる	おっしゃる
假定形	いえば	まてば	かえれば	おっしゃれば
意志形	いおう	まとう	かえろう	おっしゃろう
て-形	**いって**	**まって**	**かえって**	**おっしゃって**

1) "おっしゃる"的ます–形是"おっしゃいます"，不是"おっしゃり
ます"。

2) 以"う、つ、る"結尾的動詞按照"わいうえお"、"たちつてと"和
"らりるれろ"來活用，它們的て–形都是"って"。

例："いう"→"いって"、"まつ"→"まって"、
"かえる"→"かえって"

	しぬ（死）	よぶ（叫）	よむ（讀）
ない-形	しなない	よばない	よまない
ます-形	しにます	よびます	よみます
基本形	しぬ	よぶ	よむ
假定形	しねば	よべば	よめば
意志形	しのう	よぼう	よもう
て-形	**しんで**	**よんで**	**よんで**

3) 以"ぬ、ぶ、む"結尾的動詞按照"なにぬねの"、"ばびぶべぼ"和
"まみむめも"來活用，它們的て形都是"んで"。

例："しぬ" → "しんで"、"よぶ" → "よんで"、
"よむ" → "よんで

2. ます-形詞幹+ましょう（讓我們……，要不……？）
例　いっしょに　やりましょう。（我們一起做吧。）
うえのえきで　あいましょう。（要不上野車站見吧？）

じょし

1. まで（到、截止、直到）（格助詞）（參照第4課"から"）
例　よじから　ろくじまで（從4點到6點）
ここから　うえのまで（從這到上野）

2. 方法／手段／媒介：で（格助詞）
例　ぎんざせんで　いってください。（請坐銀座線去）
ペンでは　かかないでください。（請不要用鉛筆寫。）

3. と（和）（格助詞）
例　ともだちと　テニスを　やるんです。（和朋友打網球。）

そのた

めいし（名詞）／だいめいし　＋　を　ください（請給我……）
例　これを　ください。（請給我這。）

れんしゅう1　（→提出要求）

> **どうし（G-1）**
>
> | いう | あう* | まつ | |
> |---|---|---|---|
> | かえる | おっしゃる | やる | |
> | しぬ | よぶ | よむ | のむ |

*注意：“あう” 前用格助詞「に」。例：［ひと］に　あう

(1)　もういちど　<u>いう</u>。　　→　もういちど　<u>いって</u>ください。

(2)　もういちど　<u>おっしゃる</u>。　→

(3)　きむらさんに　<u>あう</u>。　→

(4)　ちょっと　<u>まつ</u>。　　　→

(5)　ごじに　<u>かえる</u>。　　　→

(6)　いま　<u>やる</u>。　　　　　→

(7)　タ<ruby>ク<rt>く</rt></ruby>シー<ruby>を<rt></rt></ruby>　<u>よぶ</u>。　→

(8)　うちで　<u>よむ</u>。　　　　→

(9)　くすりを　<u>のむ</u>。　　　→

れんしゅう2　（→ ましょう　［讓我們來做……吧。］）

(1)　いっしょに　<u>よむ</u>。　　→

(2)　さんじに　<u>あう</u>。　　　→

(3)　うちへ　<u>かえる</u>。　　　→

(4)　おちゃを　<u>のむ</u>。　　　→

(5)　おんがくを　<u>きく</u>。　　→

のみもの（飲料）　　「――を　のむ」

おちゃ　　　　　コーヒー　　　　こうちゃ

（お）みず　　　ビール　　　ぎゅうにゅう／ミルク

（お）さけ

れんしゅう3　（用 "で"〔方法／手段／媒介〕或 "と" 〈和〉塡空。）

> どう／どうやって*（怎樣）

*"どうやって"只能用於動作，"どう"可以用於動作和狀態。

> **ことば**
> ちかてつ　　ばす　　　　でんしゃ
> 　　　　　　バス
> ぺん　　　　えんぴつ　　えいご　　　にほんご
> ペン

(1) A：どうやって　いくんです<u>か</u>。

　　B：バス__　いくんです。

(2) A：ペン__　　かきます。いいですか。

　　B：はい、どうぞ。

(3) A：えいご<u>で</u>　はなします。いいですか。

　　B：すみません、えいご__ __　<u>はなさない</u>でください。

(4) A：だれ<u>と</u>　いくんです<u>か</u>。

　　B：りょうしん__　いくんです。

(5) A：テニス<u>は</u>　いとこ<u>と</u>　<u>やるんです</u>か。

　　B：いいえ、いとこ__ __　<u>やらない</u>んです。

しゅだん（手段）・のりもの（交通工具）　　　「――で　いく」

バス

でんしゃ

ひこうき

くるま

タクシー

じてんしゃ

あるいて*

*[歩行]

どうぐ（用具）　　　「――で　かく」

ボールペン

えんぴつ

シャープペンシル

ことば（語言）　　　「――で　はなす」

にほんご
こんにちは！

えいご
Hello!

ちゅうごくご
你好！

れんしゅう4　　（詢問意見→給出意見、建議）

(1)　なんじに　かえれば　いいですか。（6：30）

　　　→　ろくじはんに　かえってください。

(2)　なんページを　よめば　いいですか。（15ページ）

　　　→

(3)　どこで　まてば　いいですか。（ここ）

　　　→

(4)　タクシーは　なんじに　よべば　いいですか。（7.00 a.m.）

　　　→

(5)　くすりは　いつ　のめば　いいですか。（まいあさ）

　　　→

(6)　なにゆきの　でんしゃで　いけば　いいですか。（しんじゅく）

　　　→

(7)　どう　すれば　いいですか。（？）　→　わかりません。

かず

	かず（1）	ひゃく（百）	せん（千）	えん（日元）	かず（2）
1	いち	ひゃく	せん	いちえん	ひとつ
2	に	にひゃく	にせん	にえん	ふたつ
3	さん	さんびゃく	さんぜん	さんえん	みっつ
4	よん／し	よんひゃく	よんせん	よえん	よっつ
5	ご	ごひゃく	ごせん	ごえん	いつつ
6	ろく	ろっぴゃく	ろくせん	ろくえん	むっつ
7	しち／なな	ななひゃく	ななせん	ななえん	ななつ
8	はち	はっぴゃく	はっせん	はちえん	やっつ
9	きゅう／く	きゅうひゃく	きゅうせん	きゅうえん	ここのつ
10	じゅう	（せん）	（いちまん）	じゅうえん	とお
?	いくつ	なんびゃく	なんぜん	いくら	いくつ

99

れんしゅう5

```
いくら（多少）
いくつ（幾個）
```

(1) A：これは　いくらですか。

　　B：（　　　　　　　　　）えんです。

(2) A：　この　くすりは　いくつ　のめば　いいですか。

　　B：（　　　　　　　　　）のんでください。

單詞	詞性	漢字	意義
あう	動詞	会う	見面
あたま	名詞	頭	頭
いう	動詞	言う	說
いくつ	疑問詞		幾個，幾歲
いくら	疑問詞		多少，多少錢
いたい	い-形容詞	痛い	疼
いつつ	名詞	五つ	五個
うえの	專有名詞	上野	上野（地名）
えいご	名詞	英語	英語
えき	名詞	駅	車站
～えん	名詞	～円	～日元
えんぴつ	名詞	鉛筆	鉛筆
おちゃ	名詞	お茶	茶
おっしゃる	動詞		說
かえる	動詞	帰る	回去
ぎんざ（せん）	專有名詞	銀座（線）	銀座（地名）
くすり（や）	名詞	薬（屋）	藥（局）
～ご	名詞	～語	～語
ここのつ	名詞	九つ	九個
こばやし	專有名詞	小林	小林（人名）
しぬ	動詞	死ぬ	死
しゅだん	名詞	手段	手段
しんじゅく	專有名詞	新宿	新宿（地名）
～せん	名詞	～線	～線
タクシー	名詞		計程車
ちかてつ	名詞	地下鉄	地鐵
ちょっと	副詞		稍微，一點兒

～で	格助詞		方法，手段，媒介
てんいん	名詞	店員	店員
でんしゃ	名詞	電車	電車
～と	格助詞		和～
どう	疑問詞		如何，怎樣
どうやって	疑問詞		如何，怎樣
とお	名詞	十	十
ななつ	名詞	七つ	七個
のむ	動詞	飲む	喝
バス	名詞		公車、巴士
ひとつ	名詞	一つ	一個
ふたつ	名詞	二つ	兩個
ペン	名詞		鋼筆
ほんだ	専有名詞	本田	本田（人名）
まつ	動詞	待つ	等，等待
～まで	格助詞		到，直到
みっつ	名詞	三つ	三個
むっつ	名詞	六つ	六個
めいし	名詞	名詞	名詞
～や	接尾詞	～屋	～店
やっつ	名詞	八つ	八個
やまもと	専有名詞	山本	山本（人名）
やる	動詞		做～
～ゆき	接尾詞	～行き	駛往～
よっつ	名詞	四つ	四個
よぶ	動詞	呼ぶ	喊，叫
よむ	動詞	読む	讀

だい6か 「それから　テレビを　みます。」
（然後看電視。）

かいわ　1

きむら：いつも　よる　なにを　するんですか。

やまだ：しょくじの　あと　にじかんぐらい　べんきょうを　します。
　　　　それから　ときどき　テレビを　みます。

きむら：どんな　ばんぐみを　みるんですか。

やまだ：たいてい　ニュースや　ドラマを　みます。きょうは　にほんの
　　　　ドラマを　みようと　おもいます。

きむら：そうですか。そして　なんじごろ（に）　ねるんですか。

やまだ：じゅういちじごろ（に）　ねます。

かいわ　2　（みちで）

こばやし：こんにちは。どこへ　いくんですか。

やまもと：しょくじに　いくんです。

こばやし：おひるは　どこで　たべるんですか。

やまもと：きょうは　ファミレスで　たべようと
　　　　　おもいます。いっしょに　いきません　か。

こばやし：ごめんなさい。きょうは　たべないんです。

やまもと：どうしてですか。

こばやし：おなかが　いたいからです。

やまもと：それは　いけませんね。じゃ、しつれいします。

こばやし：しつれいします。

どうし

1. G-2動詞（參照第3課）

	ねる（睡）	たべる（吃）	みる（看）
ない-形	ね<u>ない</u>	たべ<u>ない</u>	み<u>ない</u>
ます-形	ね<u>ます</u>	たべ<u>ます</u>	み<u>ます</u>
基本形	ね<u>る</u>	たべ<u>る</u>	み<u>る</u>
假定形	ね<u>れば</u>	たべ<u>れば</u>	み<u>れば</u>
意志形	ね<u>よう</u>	たべ<u>よう</u>	み<u>よう</u>
て-形	ね<u>て</u>	たべ<u>て</u>	み<u>て</u>

2. ます-形的否定形＋か：邀請

　　例　いっしょに　<u>いきませんか</u>。（我們一起去好嗎？）

じょし

1. や（…和…等）（格助詞）

　　"や"比"と"的使用範圍更加廣泛。

　　例如，"ニュースと　ドラマ"意思是僅限兩件事物，即"ニュース"和
　　"ドラマ"，而"ニュースや　ドラマ"表示除了這兩件事物之外可能還
　　包括其他。

2. 表示對聽話人所說內容的確認：か（↘音調降低。）（終助詞）

　　例　そうですか。（↘）（我明白了。）

　　　　がっこうへ　いくんですか。（↘）（我知道你馬上去學校。）

　　　　がっこうへ　いくんですか。（↗）（你要去學校嗎？）

せつぞくし

1. それから（…之後、自那以後）

   例　にじかんぐらい　べんきょうします。それから　テレビを　みます。

   （我先學習兩小時左右，然後看電視。）

2. そして（然後、於是）

   "そして"主要是用來連接句子。

   例　そして　なんじごろ（に）　ねるんですか。

   （然後你什麼時候睡覺。）

そのた

～ごろ／ぐらい（大概、約）

"ごろ"用於時間、日／日期、月、年等，"ぐらい"用於持續的時間、體積、數量、尺寸等。

例　じゅういちじごろ（11點左右）

　　にじかんぐらい（2小時左右）

れんしゅう1　（どうし　「ねる、たべる、みる」）

ことば		
ファミレス	レストラン	きっさてん
わしょく	ちゅうか（りょうり）	ようしょく
ドラマ	ようが	

(1)　A：こんばん　なんじごろ　ねます　か／ねるんですか。

　　　B：じゅういちじごろ（に）ねます／ねるんです。

⑵　A：どこで　ごはん<u>を</u>　<u>たべます</u>　<u>か</u>／<u>たべるんですか</u>。

　　B：ファミレスで　<u>たべようと</u>　おもいます。

⑶　A：よく　わしょく<u>を</u>　<u>たべます</u>　<u>か</u>／<u>たべるんですか</u>。

　　B：はい、よく　<u>たべます</u>／<u>たべるんです</u>。

　　　　いいえ、よく<u>は</u>　<u>たべません</u>／<u>たべないんです</u>。

⑷　A：こんばん　テレビ<u>を</u>　<u>みます</u>　<u>か</u>／<u>みるんです<u>か</u>。

　　B：ええ、にほん<u>の</u>　ドラマを　<u>みようと</u>　おもいます。

105

れんしゅう2　（じょし「や」）

> どんな（什麼種類的）

⑴　A：どんな　ばんぐみを　みるんですか。

　　B：（　　　　　　　　）<u>や</u>（　　　　　　　　）を　みます。

⑵　A：どんな　ものを　たべるんですか。

　　B：（　　　　　　　　）<u>や</u>（　　　　　　　　）を　たべます。

れんしゅう3　（→計劃／想法）

(1)　こんばん　なんじに　ねるんですか。（12：00）
　　　→　じゅうにじに　ねようと　おもいます。

(2)　あした　なんじに　おきるんですか。（6：15）
　　　→

(3)　なにを　たべるんですか。（ようしょく）
　　　→

(4)　なんじに　かえるんですか。（7：30）
　　　→

(5)　どこで　およぐんですか。（プール）
　　　→

(6)　だれと　いくんですか。（いとこ）
　　　→

(7)　どんな　ばんぐみを　みるんですか。（ようが）
　　　→

(8)　どこで　コーヒーを　のむんですか。（きっさてん）
　　　→

(9)　いつ　てがみを　かくんですか。（こんばん）
　　　→

(10)　どこで　やまださんに　あうんですか。（ホテル）
　　　→

(11)　いつ　しゅくだいを　するんですか。（あとで）
　　　→

(12)　なんじに　タクシーを　よぶんですか。（5：15）
　　　→

れんしゅう4　　（→提出建議／要求）

(1)　はやく　<u>ねる</u>。　　　　　　　　→　はやく　<u>ねて</u>ください。

(2)　たくさん　<u>たべる</u>。　　　　　　→

(3)　きょうかしょ<u>を</u>　<u>みる</u>。　　　→

(4)　しんぶん<u>を</u>　<u>よむ</u>。　　　　　→

(5)　れんしゅう<u>を</u>　<u>する</u>。　　　　→

(6)　それ<u>を</u>　<u>とる</u>。（とる：Group-1）→

よみもの（讀物）　　「──を　よむ」

きょうかしょ　　　　　　しんぶん

ざっし　　　　　　　　　ほん

じかん／きかん（小時／日期）

	じかん（Hours）	ひ（Days）	つき（Month）	ねん（Years）
1	いちじかん	いちにち	いっかげつ	いちねん
2	にじかん	ふつか（かん）	にかげつ	にねん
3	さんじかん	みっか（かん）	さんかげつ	さんねん
4	よじかん	よっか（かん）	よんかげつ	よねん
5	ごじかん	いつか（かん）	ごかげつ	ごねん
6	ろくじかん	むいか（かん）	ろっかげつ	ろくねん
7	しちじかん	なのか（かん）	ななかげつ	ななねん／しちねん
8	はちじかん	ようか（かん）	はちかげつ	はちねん
9	くじかん	ここのか（かん）	きゅうかげつ	きゅうねん
10	じゅうじかん	とおか（かん）	じっかげつ／じゅっかげつ	じゅうねん
？	なんじかん	なんにちかん	なんかげつ	なんねん
？	どのぐらい			

れんしゅう5

┌─────────────────┐
│ どのぐらい（多久） │
└─────────────────┘

(1) A：まいにち　どのぐらい　しごとを　<u>する</u>んです<u>か</u>。

　　 B：（　　　　　　　　　）ぐらい　<u>します</u>。

(2) A：どのぐらい　<u>かかる</u>んです<u>か</u>。　（かかる：G-1）

　　 B：（　　　　　　　　　）ぐらい　<u>かかります</u>。

さとうさんの　まいにち

7:00

8:00

9:00

10:00

11:00

12:00

1:00

2:00

3:00

4:00

5:00

6:00

7:00

8:00

9:00

10:00

11:00

12:00

單詞	詞性	漢字	意義
あと	名詞	後	後，後方
いけませんね			不行
いつも	副詞、名詞		日常，平時
おなか	名詞	お腹	肚子
（お）ひる→ひる			
かかる	動詞		花費
～かげつ	量詞	～ヶ月	～個月
～かん	接尾詞	～間	～之間
きかん	名詞	期間	期間
きっさてん	名詞	喫茶店	咖啡廳
きょうかしょ	名詞	教科書	教科書
～ぐらい	副助詞	～位	大約，大概
コーヒー	名詞	（珈琲）	咖啡
ごはん	名詞	ご飯	飯，餐
ごめんなさい		ご免なさい	對不起
～ごろ	接尾詞	～頃	～左右，～前後
こんばん	名詞	今晩	今天晚上
（～）じかん	名詞	（～）時間	（～）小時
しょくじ	名詞	食事	用餐
しんぶん	名詞	新聞	報紙
そして	接續詞		然後，於是
それから	接續詞		而後
たいてい	副詞		大抵，大都
たくさん	副詞		很多
たべる	動詞	食べる	吃
ちゅうか（りょうり）	名詞	中華（料理）	中華料理
てがみ	名詞	手紙	信

テレビ	名詞		電視
ときどき	副詞	時々	有時
どのくらい	疑問詞		多少
ドラマ	名詞		戲劇
とる	動詞	取る	取，帶
どんな	疑問詞		怎樣的
ねる	動詞	寝る	睡覺
（〜）ねん	名詞	（〜）年	（〜）年
ばんぐみ	名詞	番組	節目
ひる	名詞	昼	午餐
ファミレス	名詞		家庭餐廳
みち	名詞	道	道路
みる	動詞	見る	看
もの	名詞	物	東西
〜や〜	格助詞		〜和〜，〜或〜
ようが	名詞	洋画	西洋畫，外國電影
ようしょく	名詞	洋食	西餐
よく	副詞		經常
（〜）りょうり	名詞	（〜）料理	（〜）料理
レストラン	名詞		餐廳
わしょく	名詞	和食	日本料理

111

だい7か　「にほんごは　はなせますか。」
（你會說日語嗎？）

かいわ　1

いしかわ：ごめんください。

かわかみ：はい、どなたです<u>か</u>。

いしかわ：いしかわです。

かわかみ：どうぞ、おはいりください。

いしかわ：かわかみさん、こちら<u>は</u>　スミス^{すみす}せんせいです。えいご<u>の</u>
　　　　　　せんせいです。

スミス：スミスです。はじめまして、よろしく　おねがいします。

かわかみ：かわかみです。どうぞ　よろしく。スミスせんせい<u>は</u>　にほんご<u>は</u>
　　　　　　<u>はなせます</u>　か。

スミス：はい、すこし　<u>はなせます</u>。

かいわ　2

リンダ：マイケル^{まいける}さん<u>は</u>　にほんりょうり<u>は</u>　<u>たべられます</u>　か。

マイケル：ええ、すこし。でも、さしみ<u>や</u>　すし<u>は</u>　ぜんぜん　<u>たべられません</u>。

リンダ：あさって　うち<u>で</u>　ごもくずしを　つくるんです。<u>きません</u>　か。

マイケル：ごもくずしって　なんです<u>か</u>。

リンダ：おすしです。でも　なまじゃありません<u>よ</u>。だから、
　　　　　　だいじょうぶです。

マイケル：そうです<u>か</u>。

リンダ：しちじごろ　うち<u>へ</u>　<u>こられます</u>　か。

マイケル：はい、<u>いけます</u>。

どうし

かのうどうし（可能動詞：動詞的可能形）

動詞基本形	いく (G-1)	おきる (G-2)	くる	する
動詞可能形	いける	おきられる	こられる	できる

1) 活用規則

A. G-1動詞

可能形是使用活用行的第四段假名（即"エ"段假名）再加"る"構成。

例　"いく"→"いける"（"け"是"かきくけこ"行的第四段假名）

　　　"よむ"→"よめる"（"め"是"まみむめも"行的第四段假名）

B. G-2動詞

可能形是在動詞詞幹（詞幹指的是動詞的基本形去掉"る"）後添加
"られる" 構成。

113

例　"おきる" → "おきられる"

　　　"ねる"　 → "ねられる"

C. "くる"、"する"

　　　"くる"　 → "こられる"

　　　"する"　 →"できる"

2) 像"いける（能去）"這樣的動詞可能形不同於它的原來的動詞"いく
（去）"。可能態均可視爲G-2動詞。

例	ない-形	いけない
	ます-形	いけます
	基本形	いける
	假定形	いければ
	意志形	いけよう
	て-形	いけて

3) 用動詞可能態時，用"が"替換原句中的"を"。

例　にほんりょうりを　たべる。（我吃日本料理。）

　　にほんりょうりが　たべられる。（我能吃日本料理。）

4) 動詞可能態的使用（可能／能力）

例　にほんごが　はなせる／はなせます。（我會說日語。）

　　しちじに　こられますか。（你七點鐘能來嗎？）

5) "きく"和"みる"各有兩個可能態動詞：

即"きく"→"きける"、"きこえる"

　"みる"→"みられる"、"みえる"

"きこえる"意味著"能夠聽到[因爲它足夠響亮]。其他情況使用
"きける"。

例　きこえますか。（你能聽到我的聲音嗎？）

　　この　ラジオは　がいこくの　ほうそうが　きけます。

　　（這台收音機能夠收聽到外國廣播電台。）

"みえる"意味著"能夠看到[因爲它是足夠明亮，足夠大，足夠清
晰，足夠近]"。其他情況使用"みられる"。

例　よく　みえます。（能看得清楚。）

　　この　えいがは　こどもは　みられません。

　　（兒童不宜看這部電影。）

じょし

可能形動詞的受詞：が（格助詞）

例　にほんごを　はなす。（我說日語。["を"是他動詞的受詞。]）

　　にほんごが　はなせる。（我會說日語。["が"是可能態動詞的受詞。]）

當加"は"或"も"時，"が"省略。

例　にほんりょうり<u>は</u>　たべられないんです。（我不能吃日本料理。）

（×　りょうり<u>がは</u>　たべられないんです。）

にほんご<u>も</u>　はなせます。（我也會說日語。）

（×　にほんご<u>がも</u>　はなせます。）

助動詞 "です"

"じゃありません（口語）／ではありません（書面語）"爲 "です" 的否定

形式（參照第9課）。

せつぞくし（接續詞）

だから／ですから（因此）

例　だから　だいじょうぶですよ。（因此，沒關係的。）

115

そのた

1. すこし（一點點/一些）
2. ぜんぜん＋否定形式：表示完全不、一點也不。

例　ぜんぜん　たべられません。（我一點也不能吃。）

れんしゅう1　（→　かのうどうし　使用基本形／ます-形)

(1)　りょうり<u>を</u>　する。　　　　→　りょうり<u>が</u>　<u>できる</u>／<u>できます</u>。

(2)　にほんご<u>を</u>　はなす。　　　→　にほんご<u>が</u>　<u>はなせる</u>／<u>はなせます</u>。

(3)　ひゃく<ruby>メ<rt>め</rt>ー<rt>-</rt>ト<rt>と</rt>ル<rt>る</rt></ruby>　<u>およぐ</u>。　　→

(4)　あさ　はやく　<u>おきる</u>。　　→

(5)　さとうさん<u>に</u>　<u>あう</u>。　　→

(6)　（お）さしみ<u>を</u>　<u>たべる</u>。　→

(7)　あした　えいが<u>に</u>　<u>いく</u>。　→

(8)　あさって　ここ<u>へ</u>　<u>くる</u>。　→

(9)　えいご<u>を</u>　<u>よむ</u>。　　　　→

(10)　よく　<u>ねる</u>。　　　　　　　→

(11)　テニス<u>を</u>　<u>する</u>。　　　　→

(12)　かんじ<u>を</u>　<u>かく</u>。　　　　→

(13)　<ruby>デ<rt>で</rt>パ<rt>ぱ</rt>ー<rt>-</rt>ト<rt>と</rt></ruby><u>で</u>　<u>かう</u>。　　　→

(14)　（お）さけ<u>を</u>　<u>のむ</u>。　　→

れんしゅう2　　（使用"よく／すこし／ぜんぜん"，並用"ます-形"回答問題）

(1)　あのひと<u>は</u>　にほんご<u>は</u>　<u>はなせる</u>んです<u>か</u>。

　　　はい、よく／すこし　<u>はなせます</u>。

　　　いいえ、ぜんぜん　<u>はなせません</u>。

(2)　あのひと<u>は</u>　<u>およげる</u>んです<u>か</u>。

　　　はい、

　　　いいえ、

(3)　アメリカ<u>でも</u>　さくら<u>は</u>　<u>みられる</u>んです<u>か</u>。

　　　はい、

　　　いいえ、

(4)　にほん<u>でも</u>、ビー・ビー・シー<u>は</u>　<u>きける</u>んです<u>か</u>。

　　　はい、

　　　いいえ、

117

れんしゅう3　　（「です」、「じゃありません」）

(1)　きょうは　すいようび<u>ですか</u>。

　　　いいえ、すいようび<u>じゃありません</u>。

(2)　あの　おんなのひとは　がくせい<u>ですか</u>。

　　　いいえ、

(3)　その　おとこのひとは　かいしゃいん<u>んですか</u>。

　　　いいえ、

(4)　この　ちかてつは　あさくさゆき<u>ですか</u>

　　　いいえ、

(5)　その　カメラは　にほんせい<u>ですか</u>。

　　　いいえ、

單詞	詞性	漢字	意義
あさくさ	專有名詞	浅草	淺草（地名）
アメリカ	專有名詞		美國
いしかわ	專有名詞	石川	石川（人名）
おさけ→さけ			
おすし→すし			
おとこ	名詞	男	男人
おはいりください		お入りください	請進
おんな	名詞	女	女人
がいこく	名詞	外国	外國
かいしゃいん	名詞	会社員	公司職員
がくせい	名詞	学生	學生
カメラ	名詞		照相機
かわかみ	專有名詞	川上	川上（人名）
かんじ	名詞	漢字	漢字
きこえる	動詞	聞こえる	聽得見
こちら	代名詞		這兒，這裡
こども	名詞	子ども	小孩
ごめんください		ご免ください	對不起，不好意思
ごもくずし	名詞	五目寿司	什錦壽司飯
さくら	名詞	桜	櫻花
さけ	名詞	酒	酒
さしみ	名詞	刺身	生魚片
すこし	副詞	少し	稍微，一點點
すし	名詞	寿司	壽司
～せい	接尾詞	～製	～製造
ぜんぜん（～ない）	副詞	全然	（後接否定詞）完全不～
だいじょうぶ	な形容詞	大丈夫	沒關係

だから	接續詞		因此，所以
つくる	動詞	作る	製作
ですから	接續詞		因此，所以
デパート	名詞		百貨公司
どうぞ	副詞		請
どなた	疑問詞		哪一位
なま	名詞	生	生的
ビービーシー	專有名詞		BBC，英國廣播公司
ほうそう	名詞	放送	播放，廣播
マイケル	專有名詞		麥克（人名）
みえる	動詞	見える	能看到
メートル	名詞		公尺
リンダ	專有名詞		琳達（人名）

だい8か 「おそばは どこに あるんですか。」
（蕎麥麵在哪？）

かいわ 1 （でんわで）

もしもし

チャン：もしもし。

じむいん：にほんぼうえきです。

チャン：チャンと もうしますが、たなかさんは いらっしゃいます か。

じむいん：すみません、いま おりません。

チャン：じゃ、おりかえし でんわを おねがいします。

じむいん：おでんわばんごうは なんばんですか。

チャン：６７３７ の ３６０１です。

かいわ 2

はるこ：さあ、おひるを たべましょう。

あきこ：きょうは パンが ないんです。

はるこ：じゃ、おそばを たべましょう。

あきこ：おそばは どこに あるんですか 。

はるこ：おおきい はこの なかに あります よ。

あきこ：おおきい はこは どこに あるんですか。

はるこ：たなの うえに あります。

あきこ：あら、はこの なかには なにも ありません よ。

はるこ：へんですね。じゃ、そとで たべましょう。

どうし

"いる"、"いらっしゃる"、"おる"、"ある"

	いる(G-2)	いらっしゃる(G-1)	おる(G-1)	ある(G-1)
ない-形	い<u>な</u>い	いらっしゃ<u>ら</u>ない	(お<u>ら</u>ない) 1)	<u>ない</u> (あ<u>らない</u>) 1)
ます-形	い<u>ま</u>す	いらっしゃ<u>い</u>ます1)	お<u>り</u>ます	あ<u>り</u>ます
基本形	い<u>る</u>	いらっしゃ<u>る</u>	お<u>る</u>	あ<u>る</u>
假定形	い<u>れ</u>ば	いらっしゃ<u>れ</u>ば	お<u>れ</u>ば	あ<u>れ</u>ば
意志形	い<u>よ</u>う	いらっしゃ<u>ろ</u>う	(お<u>ろ</u>う) 1)	あ<u>ろ</u>う
て-形	い<u>て</u>	いらっしゃ<u>っ</u>て	(お<u>っ</u>て) 1)	あ<u>っ</u>て

1) 活用形變化

    A. "いらっしゃる"的ます-形是"いらっしゃ<u>い</u>ます",而不是"いらっしゃ<u>り</u>ます"。

    B. "おる"的ない-形、意志形和て-形很少使用。

    C. "ある"的ない形是"<u>ない</u>",而不是"あらない"。

2) 動詞"いる""いらっしゃる""おる"和"ある"可以表示"存在"、"在～""位於～""有～"等等意思。

3) "いる"用於有生命物(不包括植物),以及有駕駛員的火車、汽車、船、飛機等等。

4) 在和上級或不熟悉的人說話時,以及在鄭重場合中,應使用"いらっしゃる"和"おる"來代替"いる"

    A. "いらっしゃる"用於聽話人、聽話人的家屬、與聽話人相關的人以及上司。

    B. "おる"用於說話人、說話人的家屬以及與說話人相關的人。

      例　おとうさんは　いらっしゃいますか。

        (你父親在嗎?)

すみません、いま　おりません。

（對不起，我爸爸現在不在。）

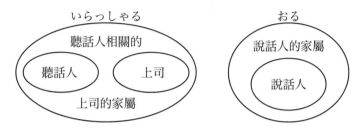

いらっしゃる

聽話人相關的

聽話人　　上司

上司的家屬

おる

說話人的家屬

說話人

5）"ある"用於無生命物和植物。

　　例　パンが　ないんです。（沒有麵包了。）

　　　　おそばは　どこに　あるんですか。（蕎麥麵在哪？）

じょし

存在的場所：に（格助詞）

　　例　おそばは　どこに　あるんですか。（蕎麥麵在哪？）

　　　　おおきい　はこの　なかに　あります。（在大盒子裡面。）

けいようし（形容詞）

1. 日語中形容詞有い・けいようし（い-形容詞）和な・けいようし（な-形容詞，參照第9課）兩種。

2. い・けいようし

　　1）所有的い-形容詞詞尾都是"い"。

　　2）當い-形容詞如"おおきい"、"ちいさい"等用來修飾名詞時，一般將它們直接放在被修飾名詞的前面。

　　例　おおきい　はこ（大箱子）

そのた

1. なにも／だれも＋否定形：表示全部否定。

例　はこの　なかには　<u>なにも</u>　<u>ない</u>。（箱子裡什麼都沒有。）

<u>なにも</u>　<u>たべない</u>。（我什麼都不吃。）

<u>だれも</u>　<u>いない</u>。（一個人都沒有。）

<u>だれも</u>　<u>こない</u>。（一個人都沒來。）

2. あら／あれ：表示吃驚、意外

女性使用"あら"，男性主要使用"あれ"。

れんしゅう1　（「いる」、「ある」）

(1)　おとこの　ひと　　　おんなの　ひと
　　がいこくじん　　　　ちいさい　こども　　｝　<u>が</u>　<u>います</u>／<u>いるんです</u>。
　　タクシー　　　　　　ねこ

(2)　だいがく　　　　　　きょうかい
　　おおきい　ビル　　さくらの　き　　　　｝　<u>が</u>　<u>あります</u>／<u>あるんです</u>。
　　しゅくだい　　　　レッスン

れんしゅう2　（「いる」、「いらっしゃる」、「おる」）

かぞく　（親屬稱呼）		
おとうさん	—	ちち
おかあさん	—	はは
おにいさん	—	あに
おねえさん	—	あね
おとうとさん	—	おとうと
いもうとさん	—	いもうと

わたし

ともだち
せんせい
ちち
せいと
} が { います。
いらっしゃいます。
おります。

れんしゅう3 （「いらっしゃる」、「おる」）

(1) A：おとうさん<u>は</u>　どこに　いらっしゃる<u>ん</u>です<u>か</u>。

B：ちち<u>は</u>　なかに　おります。

| なか | そと |

(2) A：おかあさん<u>は</u>　どこに　＿＿＿＿＿＿<u>ん</u>です<u>か</u>。

B：＿＿＿＿＿　<u>は</u>　そと＿　＿＿＿＿＿。

(3) A：おにいさん<u>は</u>　うえに　＿＿＿＿＿ます<u>か</u>。

B：はい、＿＿＿＿＿　<u>は</u>　うえ＿　＿＿＿＿＿。

うえ
した

(4) A：おねえさん<u>は</u>　した＿　＿＿＿＿＿ます<u>か</u>。

B：いいえ、＿＿＿＿＿　<u>は</u>　した＿　＿　＿＿＿＿＿ません。

れんしゅう4 （「ある」）

(1)　A：でんわは　どこに　あるんですか。

　　　B：ろうかの　みぎがわ／ひだりがわに　あります。

(2)　A：おてあらいは　どこに　あるんですか。

　　　B：かいだんの　さき／てまえに　あります。

(3)　A：このへんに　スーパーは　あります　か。

　　　B：はい、 $\left\{\begin{array}{l}えき\\びょういん\\としょかん\end{array}\right\}$ の $\left\{\begin{array}{l}となり\\むかい\\ちかく\end{array}\right\}$ に　あります。

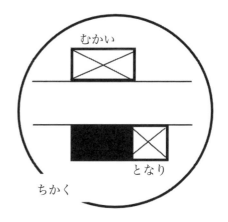

れんしゅう5 （「ある」、「ない」）

A：パン／（お）そば／ごはんは　あるんですか。

B：いいえ、＿＿＿＿＿＿＿　は　ないんです。

かず　ひと (人)

1	ひとり	6	ろくにん
2	ふたり	7	しちにん／ななにん
3	さんにん	8	はちにん
4	よにん	9	きゅうにん／くにん
5	ごにん	10	じゅうにん
?	なんにん		

れんしゅう6

(1)　A：きょうしつに　せいとは　なんにん　います　か。

　　　B：＿＿＿＿＿＿＿＿　います。

(2)　A：がくせい/かいしゃいんは　なんにん　います　か。

　　　B：＿＿＿＿＿＿＿＿　います。

126

單詞	詞性	漢字	意義
あきこ	專有名詞	昭子、明子、秋子	昭子，明子，秋子（人名）
あに	名詞	兄	哥哥
あね	名詞	姉	姐姐
あら	感嘆詞		哎呀，哎呦（女性用）
ある	動詞		有
あれ	感嘆詞		呀，哎呀
い-けいようし	名詞	い形容詞	い形容詞
いもうと（さん）	名詞	妹（さん）	妹妹
いらっしゃる	動詞		來，去，在
いる	動詞		在，有
うえ	名詞	上	上，上方
おおきい	い形容詞	大きい	大的
おかあさん	名詞	お母さん	母親
おそば→そば			
おてあらい	名詞	お手洗い	洗手間
おとうさん	名詞	お父さん	父親
おとうと（さん）	名詞	弟さん	弟弟
おにいさん	名詞	お兄さん	哥哥
おねえさん	名詞	お姉さん	姐姐
おりかえし	名詞、副詞	折り返し	回，折回
おる	動詞		在，有
かいだん	名詞	階段	樓梯
かぞく	名詞	家族	家庭成員
～がわ	接尾詞	～側	～方
き	名詞	木	樹
きょうしつ	名詞	教室	教室
けいようし	名詞	形容詞	形容詞

さあ	感嘆詞		喂
さき	名詞	先	前，前面
した	名詞	下	下面
じむいん	名詞	事務員	辦事員
スーパー	名詞		超市
せいと	名詞	生徒	學生
そと	名詞	外	外面
そば	名詞	蕎麦	蕎麥麵
だいがく	名詞	大学	大學
たな	名詞	棚	架子，櫥櫃
だれも 〜ない		誰も 〜ない	誰都不，沒
ちいさい	い形容詞	小さい	小的
ちかく	名詞	近く	附近
ちち	名詞	父	父親
てまえ	名詞	手前	面前
としょかん	名詞	図書館	圖書館
となり	名詞	隣	旁邊
ない	助動詞、い形容詞		沒有，無
なか	名詞	中	裡面
な-けいようし	名詞	な形容詞	な形容詞
なにも 〜ない		何も 〜ない	什麼都不，沒
〜に	格助詞		存在的場所
〜にん	量詞	〜人	〜人
ねこ	名詞		貓
はこ	名詞	箱	箱子
はは	名詞	母	母親
はるこ	專有名詞	春子	春子（人名）
〜ばん	接尾詞	〜番	第〜號

パン	名詞		麺包
ばんごう	名詞	番号	號碼
ひだり（がわ）	名詞	左（側）	左（側）
ひとり	名詞	一人	一個人
びょういん	名詞	病院	醫院
ビル	名詞		大樓
ふたり	名詞	二人	兩個人
へん	な形容詞	変	奇怪，反常
～へん	接尾詞	～辺	～附近，一帶
ぼうえき	名詞	貿易	貿易
みぎ（がわ）	名詞	右（側）	右（側）
むかい	名詞	向かい	對面
もうします→もうす			
もうす	動詞	申す	說，稱爲
もしもし	感嘆詞		（打電話時）喂
ろうか	名詞	廊下	走廊

129

だい9か 「これは さかなじゃないんです。」
（這個不是魚。）

かいわ 1 （すしやで）

スミス：これは なんですか。

いたまえ：それは まぐろです。

スミス：そのあかいのも さかなですか。

いたまえ：いいえ、これは さかなじゃないんです。かいです。

スミス：その しろいのは なんですか。

いたまえ：いかです。

スミス：みんな なまなんですか。

いたまえ：はい、そうです。

……

スミス：ごちそうさまでした。

いたまえ：ありがとうございました。また、どうぞ。

かいわ 2

チャン：どこに すんでいるんですか。

ほんだ：めぐろです。めぐろは しっています か。

チャン：はい、ともだちの コーさんが めぐろに すんでいるんです。
しずかなところですね。コーさんを しっています か。

ほんだ：しりません。そのひとも にほんごが はなせるんですか。

チャン：いいえ、かんたんな ことばしか わからないんです。

助動詞　だ／です（是）

1. "だ／です"表示對人、事物或其狀態的斷定，例如"（名詞）是（名詞／な-形容詞）"。

例　コーさんは　がくせいだ／です。（高是名學生。）

うちは　しずかだ／です。（我的家很安靜。）

2. 現在／將來的句詞尾

（括弧內的部分是口語形式）

	敬體 普通型	簡體	敬體 んです-型
肯定形	…です	…だ	…なんです
否定形	…ではありません （…じゃありません） …ではないです （…じゃないです）	…ではない （…じゃない）	…ではないんです （…じゃないんです）

日語中有兩種普通敬體否定形，分別是"ではありません（じゃありません）"和"ではないです（じゃないです）"。前者比後者更加禮貌。

どうし

動詞て-形＋いる／いない

"動詞-て形＋いる／いない"用於描述某種狀態。

例　どこに　すんでいるんですか。（你住在哪裡？）

コーさんを/は　しっていますか。（你認識高先生嗎？）

動詞"しる"比較特殊，"しっている"的否定形是"しらない"，而不是"しっていない"。

例　いいえ、<u>しりません</u>。（不，我不知道）

じょし

状態的場所：に（格助詞）

例　めぐろ<u>に</u>　すんでいます。（我住在目黒。）

けいようし

な・けいようし

當な-形容詞如"しずか"和"かんたん"在修飾名詞時，需要在詞幹後加"な"。

例　しずか<u>な</u>　ところ（安静的地方）

かんたん<u>な</u>　ことば（簡單的話）

修飾名詞

修飾語	修飾形式
めいし	（めいし）　　　　の（めいし）
い・けいようし	（い・けいようし）　　（めいし）
な・けいようし	（な・けいようし）な（めいし）

だいめいし

人稱代名詞

1) 當提到地位低的或年齡比自己小的人時，可以使用"あなた（第二人稱）""かれ（第三人稱男性）"和"かのじょ（第三人稱女性）"。此外，"姓氏＋さん"也用於指代第二人稱和第三人稱。"あのひと"

或 "そのひと" 也可用於指第三人稱。

例 チャンさんは　ちゅうごくじんですか。

（你／陳先生是中國人麼？）

2) "かれ" 和 "かのじょ" 也可分別指 "男朋友" 和 "女朋友"

そのた

しか＋否定形（只，僅僅）

"しか" 和述語的否定形一起使用。

例 かんたんな　ことば<u>しか</u>　<u>わからない</u>んです。（他只懂一些簡單的詞。）

すこし<u>しか</u>　<u>あり</u>ません。（只有一點點。）

れんしゅう1　（「なんです」、「じゃないんです」）

(1)　あのひと<u>は</u>　かいしゃいんなんです<u>か</u>。（こうむいん）

いいえ、かいしゃいん<u>じゃないんです</u>。こうむいん<u>なんです</u>。

(2)　この　ほん<u>は</u>　きょうかしょなんです<u>か</u>。（じしょ）

いいえ、＿＿＿＿＿＿＿＿＿＿＿＿＿＿＿＿＿＿＿＿＿＿。

(3)　あのかた<u>は</u>　おんがく<u>の</u>　せんせいなんです<u>か</u>。（かがく）

いいえ、＿＿＿＿＿＿＿＿＿＿＿＿＿＿＿＿＿＿＿＿＿＿。

(4)　それ<u>は</u>　さかななんです<u>か</u>。（にく）

いいえ、＿＿＿＿＿＿＿＿＿＿＿＿＿＿＿＿＿＿＿＿。

(5)　あれ<u>は</u>　（お）そばなんです<u>か</u>。（うどん）

いいえ、＿＿＿＿＿＿＿＿＿＿＿＿＿＿＿＿＿＿＿＿。

(6)　これ<u>は</u>　かんじなんです<u>か</u>。（かたかな）

いいえ、＿＿＿＿＿＿＿＿＿＿＿＿＿＿＿＿＿＿＿＿。

れんしゅう2　（しか＋否定形）

(1) きょうしつ<u>は</u>　たくさん　<u>ある</u>んです<u>か</u>。（ひとつ）

　　いいえ、ひとつ<u>しか</u>　ありません。

(2) がいこくじんは　なんにん　<u>いる</u>んです<u>か</u>。（ふたり）

　　ふたり<u>しか</u>　いません。

(3) あかいの<u>も</u>　<u>あります</u>　か。（しろいの）

　　いいえ、＿＿＿＿＿＿＿＿＿＿＿＿＿＿＿＿＿＿＿＿＿＿＿。

(4) よく　<u>わかります</u>　か。（すこし）

　　いいえ、＿＿＿＿＿＿＿＿＿＿＿＿＿＿＿＿＿＿＿＿＿＿＿。

(5) わしょく<u>は</u>　よく　<u>たべる</u>んです<u>か</u>。（たまに）

　　いいえ、＿＿＿＿＿＿＿＿＿＿＿＿＿＿＿＿＿＿＿＿＿＿＿。

れんしゅう3　（「を／は　しっている」、「に　すんでいる」）

(1) ＿＿＿＿＿＿＿＿　を／は　しっています　<u>か</u>。

　　はい、しっています。／いいえ、しりません。

(2) どこ<u>に</u>　すんでいるんです<u>か</u>。

　　＿＿＿＿＿＿＿＿　に　すんでいるんです。

れんしゅう4　（修飾名詞）

(1) それ<u>は</u>　なん<u>の</u>　ほんです<u>か</u>／なんです<u>か</u>。

　　にほんご
　　おんがく　　｝　<u>の</u>　ほんです／なんです。
　　かがく

(2) これ<u>は</u>　だれ<u>の</u>　おかねです<u>か</u>／なんです<u>か</u>。

　　＿＿＿＿＿＿＿＿　おかねです／なんです。

い・けいようし	な・けいようし
あたらしい	しずか
ふるい	かんたん
たかい	べんり
やすい	ふべん
むずかしい	きれい

(3) それは どんな ホテルですか／なんですか。

あたらしい
ふるい
たかい
きれい

}　____ ホテルです／なんです。

135

(4) それは どんな ざっしですか／なんですか。

むずかしい
べんり

}　____ ざっしです／なんです。

い・けいようし

あたらしい

ふるい

うるさい

おおきい

ちいさい

むずかしい

たかい

やすい

きたない

な・けいようし

しずか

かんたん

べんり

ふべん

きれい

單詞	詞性	漢字	意義
あかい	い形容詞	赤い	紅色的
あたらしい	い形容詞	新しい	新的
あなた	人稱代名詞		你
いか	名詞		烏賊，魷魚
いたまえ	名詞	板前	廚師
うどん	名詞		烏龍麵
おかね	名詞	お金	錢
かい	名詞	貝	貝殼，貝類
かがく	名詞	化学、科学	化學，科學
～かた	名詞、接尾詞	～方	人
かたかな	名詞		片假名
かのじょ	人稱代名詞	彼女	她，女朋友
かれ	人稱代名詞	彼	他，男朋友
かんたん	な形容詞	簡単	簡單的
きれい	な形容詞	(綺麗)	漂亮的
コー	專有名詞		高（人名）
こうむいん	名詞	公務員	公務員
ごちそうさまでした			承蒙款待
さかな	名詞	魚	魚
ざっし	名詞	雑誌	雜誌
しか（～ない）	副助詞		只，僅僅
じしょ	名詞	辞書	字典
しずか	な形容詞	静か	安靜的
しっている→しる			
しる	名詞	知る	知道，認識
しろい	い形容詞	白い	白色的
すむ	動詞	住む	住

137

すんでいる→すむ

だ	助動詞		表示判斷的助動詞
たかい	い形容詞	高い	高的，貴的
たまに	副詞		偶爾
ところ	名詞	所	場所，地點
にく	名詞	肉	肉
ふるい	い形容詞	古い	舊的
ふべん	な形容詞	不便	不方便的
べんり	な形容詞	便利	方便的
ほん	名詞	本	書
まぐろ	名詞		鮪魚
みんな	名詞		大家，全體
むずかしい	い形容詞	難しい	難的
めぐろ	專有名詞	目黒	目黒（地名）
やすい	い形容詞	安い	便宜的

だい10か 「あまり むずかしくありません。」
（不是很難。）

かいわ 1

リー：うちに あたらしい DVDが あるんです。いっしょにみません か。

コー：なんの DVDですか。

リー：こうはくうたがっせんです。こんや ひまですか。

コー：こんやは つごうが わるいんです。

リー：じゃ、あしたは どうですか。

コー：あしたの よるは ひまです。

リー：じゃ、うちへ きてください。

コー：なんじに いけば いいですか。

リー：はちじごろ きてください。

139

かいわ 2

ほんだ：リンダさん、にほんごは むずかしいですか。

リンダ：いいえ、あまり むずかしくありません。とても おもしろいです。
　　　　でも もじが たくさん あります ね。

ほんだ：ひらがなは かけます か。

リンダ：はい、ぜんぶ かけます。

ほんだ：かたかなや かんじは どうですか。

リンダ：まだ ぜんぜん かけません。でも、もうすぐ ならうんです。

ほんだ：そうですか。がんばってください。

けいようし

用形容詞結句表示現在／將來的句子尾

1. い・けいようし

例　いそがしい（詞幹："いそがし"）

	敬體 普通型	簡體	敬體 んです-型
肯定形	いそがしいです	いそがしい	いそがしいんです
否定形	いそがしくありません いそがしくないです	いそがしくない	いそがしくないんです

特例：いい（好、不錯、可以）

	敬體 普通型	簡體	敬體 んです-型
肯定形	いいです	いい	いいんです
否定形	よくありません よくないです	よくない	よくないんです

1) い-形容詞去掉詞尾"い"時稱作"詞幹"。"いそがしい"的詞幹是"いそがし"。

2) 否定形是在詞幹后加上"くありません／くない（です）／くないんです"。

例　そこは　あついですか。（那裏熱嗎？）

いいえ、あつく（は）ありません。（不熱，這裏不熱）

3) 有一個例外"いい"。"いい"的否定形是"よくない"不是"いくない"。

例　てんきは　いいですか。（天氣好嗎？）

いいえ、よく（は）ないです。（不，不好）

4）表示否定的助詞 "は"（括弧中）常被省略。

2. な・けいようし：接助動詞 "だ／です"（参照第九課）

	敬體 普通型	簡體	敬體 んです-型
肯定形	ひまです	ひまだ	ひまなんです
否定形	ひまではありません （ひまじゃありません） ひまではないです （ひまじゃないです）	ひまではない （ひまじゃない）	ひまではないんです （ひまじゃないんです）

141

そのた

とても／すごく＋肯定形（非常）

あまり＋否定形（不是很）

　　例　とても　おもしろいです。（非常有趣。）

　　　　あまり　むずかしくありません。（不是很難。）

れんしゅう1

> ～は　どうですか（～怎麼樣？）

(1)　にほんごは　どうですか。

　　むずかしいです／むずかしくないです。

(2)　あしたは　どうですか。

　　いそがしいです／いそがしくないです。

(3) そのさかなは　どうですか。
おいしいです／おいしくないです。

い・けいようし

おいしい

まずい

いそがしい

な・けいようし

ひま

おもしろい

つまらない

あつい

さむい

いい

わるい

あつい

つめたい

とおい

ちかい

れんしゅう2 （「いい」、「わるい」）

(1) あしたは つごうが いいです／わるいです。

(2) おおさかは てんきが いいです／わるいです。

(3) わたしの ねこは あたまが いいです／わるいです。

れんしゅう3 （い・けいようし）

(1) そとは あついですか。

はい、_____。

(2) へやは さむいですか。

いいえ、_____。

(3) その がっこうは あたらしいですか。

はい、_____。

(4) その みせは たかいですか。

いいえ、_____。

れんしゅう4 （「いい」、「よくない」）

(1) らいしゅうは つごうが いいですか。

はい、いいです。

いいえ、つごうは よくないです。

(2) とうきょうは てんきが いいですか。

はい、_____。

いいえ、_____。

(3) やまださんの いぬは あたまが いいですか。

はい、_____。

いいえ、_____。

143

れんしゅう5　（な・けいようし）

(1)　その　ホテル<u>は</u>　べんりです<u>か</u>。

　　　いいえ、＿＿＿＿＿＿＿＿＿＿＿＿＿＿＿＿＿＿＿＿＿＿＿。

(2)　あした　ひまです<u>か</u>。

　　　はい、＿＿＿＿＿＿＿＿＿＿＿＿＿＿＿＿＿＿＿＿＿＿＿。

(3)　にわ<u>は</u>　きれいです<u>か</u>。

　　　いいえ、＿＿＿＿＿＿＿＿＿＿＿＿＿＿＿＿＿＿＿＿＿＿＿。

(4)　しけん<u>は</u>　かんたんです<u>か</u>。

　　　はい、＿＿＿＿＿＿＿＿＿＿＿＿＿＿＿＿＿＿＿＿＿＿＿。

れんしゅう6　（"すごく"＋肯定，"あまり"＋否定）

(1)　きむらさん<u>の</u>　うち<u>は</u>　とおいです<u>か</u>。

　　　はい、すごく　とおいです。

　　　いいえ、あまり　とおくありません。

(2)　やまださん<u>の</u>　うち<u>は</u>　ちかいです<u>か</u>。

　　　＿＿＿＿＿＿＿＿＿＿＿＿＿＿＿＿＿＿＿＿＿＿＿。

　　　＿＿＿＿＿＿＿＿＿＿＿＿＿＿＿＿＿＿＿＿＿＿＿。

(3)　ホテル<u>の</u>　へや<u>は</u>　しずかです<u>か</u>。

　　　＿＿＿＿＿＿＿＿＿＿＿＿＿＿＿＿＿＿＿＿＿＿＿。

　　　＿＿＿＿＿＿＿＿＿＿＿＿＿＿＿＿＿＿＿＿＿＿＿。

(4)　その　きかい<u>は</u>　べんりです<u>か</u>。

　　　＿＿＿＿＿＿＿＿＿＿＿＿＿＿＿＿＿＿＿＿＿＿＿。

　　　＿＿＿＿＿＿＿＿＿＿＿＿＿＿＿＿＿＿＿＿＿＿＿。

(5)　としょかん<u>は</u>　おおきいです<u>か</u>。

　　　＿＿＿＿＿＿＿＿＿＿＿＿＿＿＿＿＿＿＿＿＿＿＿。

　　　＿＿＿＿＿＿＿＿＿＿＿＿＿＿＿＿＿＿＿＿＿＿＿。

單詞	詞性	漢字	意義
あつい	い形容詞	暑い、熱い	炎熱的，熱的
あまり （〜ない）			（後接否定詞）不怎麼〜
いぬ	名詞	犬	狗
おいしい	い形容詞		好吃的
おもしろい	い形容詞	面白い	有趣的
がんばる	動詞	頑張る	加油
きかい	名詞	機械、器械	機械
こうはくうたがっせん	名詞	紅白歌合戦	紅白歌唱大賽
こんや	名詞	今夜	今夜
さむい	い形容詞	寒い	寒冷的
しけん	名詞	試験	考試
すごく	副詞		非常，很
ぜんぶ	名詞，副詞	全部	全部，都
ちかい	い形容詞	近い	近的
つごう	名詞	都合	情況，狀況
DVD	名詞		DVD
とおい	い形容詞	遠い	遠的
とても	副詞		很，非常
ならう	動詞	習う	學習
にわ	名詞	庭	院子
ひま	な形容詞	暇	空閒
ひらがな	名詞		平假名
へや	名詞	部屋	房間
まだ	副詞		還，尚
みせ	名詞	店	商店
もうすぐ	副詞		馬上，就要
もじ	名詞	文字	文字

145

よくない		良くない	不好
リー	専有名詞		李（人名）
わるい	い形容詞	悪い	壊的

だい11か　「きのうは　なにを　したんですか。」
（昨天做了什麼？）

かいわ　1

きょうし：きのうは　なにを　したんですか。

せ い と：ごぜんちゅうは　そうじと　せんたくを　しました。ごごは
　　　　　びょういんへ　いったんです。

きょうし：それから。

せ い と：ともだちに　でんわを　かけました。そして　ろくじに　うちを
　　　　　でました。

きょうし：どこへ　いったんです。

せ い と：しんじゅくの　きっさてんへ　いきました。

きょうし：なんじに　かえったんですか。

せ い と：じゅうじはんごろ　かえりました。

かいわ　2

きんじょの　ひと：ピーターさんは　いつ　にほんへ　いらっしゃったんですか。

ピーター　　　　　：せんしゅうの　げつようびに　きたんです。

きんじょの　ひと：にほんは　どうですか。

ピーター　　　　　：にほんの　ふゆは　さむいですね。

きんじょの　ひと：ほっかいどうは　もっと　さむいですよ。せんしゅう
　　　　　　　　　スキーに　いったんです。

ピーター　　　　　：とうきょうでも　ゆきは　ふりますか。

きんじょの　ひと：ええ、ときどき　ふります。
　　　　　　　　　きょねんは　よく　ふりました。

どうし

1. かこ（過去式） (1) 肯定形

（例 "いく"）

	現在／將來		過去	
1 ない-形	いかない	1 なかった-形	いかなかった
2 ます-形 （肯定）	いきます	**2 ます-形** **（肯定）**	**いきました**[1]
3 基本形	いく	**3 た-形**	**いった**[2]
4 假定形	いけば			
5 意志形	いこう	（無時態）	
6 て-形	いって			

1) ます-形：用"ます-形詞幹+ました"。

　　例　いきます　→　いきました

2) 簡體：用た-形

　　例　いく　→　いった

3) た-形：接續方法與て-形相同（參照 "動詞速記表"）

　　例　て-形：いっ<u>て</u>　　およい<u>で</u>

　　　　た-形：いっ<u>た</u>　　およい<u>だ</u>

2. 肯定形式句詞尾 （例 "いく"）

	敬體 ます-型	簡體	敬體 んです-型
現在／將來	いきます	いく（基本形）	いくんです
過去	いきました	いった（た-形）	いったんです

3. いらっしゃる（去，來）

　　"いらっしゃる"和"まいる"是用來代替"いく／くる"的，根據所指
　　對象，當聽話人的身份較高，與說話人關係不太親近或正式場合使用。

　　（參照第8課）

　　1)　"いらっしゃる" 用於聽話人、聽話人的家屬、與聽話人相關的人以
　　　　及上司。

　　2)　"まいる" 用於說話人、說話人的家屬以及與說話人相關的人。

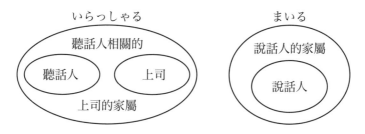

いらっしゃる　　　　　　　　　　　まいる
聽話人相關的　　　　　　　　　說話人的家屬
聽話人　　上司　　　　　　　　　說話人
上司的家屬

149

4. でる、たつ（離開）

　　"でる"和" たつ"的意思是離開（某地方），" たつ"僅用於旅行。

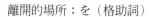

じょし

　　離開的場所：を（格助詞）

　　　例　ろくじに　うちを　でました。（我6點鐘出門的。）

　　　　なんじに　とうきょうを　たつんですか。（你幾點離開東京？）

　　　當加"は"或"も"時，"を" 應該省略。

そのた

　1. もっと（更）

　　"もっと"用於聽著已知的事物／人與新提到的事物／人相比較，前者
　　"更……"。

例　ほっかいどうは　<u>もっと</u>　さむいですよ。（北海道比東京更冷哦。）
在這個例句中"ほっかいどう"是新提到的，而"とうきょう"是聽者已知的。

2. ふゆ（冬天）
　　注：はる（春），なつ（夏），あき（秋）

れんしゅう1　（動詞，基本形→て-形→た-形）

(1)　いく　　　　　→いって　　　　　→いった
(2)　かく　　　　　→かいて　　　　　→
(3)　ふる　　　　　→　　　　　　　　→
(4)　かう　　　　　→　　　　　　　　→
(5)　いらっしゃる　→　　　　　　　　→
(6)　おきる　　　　→　　　　　　　　→
(7)　でる　　　　　→　　　　　　　　→
(8)　くる　　　　　→　　　　　　　　→
(9)　する　　　　　→　　　　　　　　→

れんしゅう2　（動詞過去式肯定）

(1)　A：けさ　なんじに　おきましたか／おきたんですか。
　　　B：（　　　　　　　　）に　おきました／おきたんです。
(2)　A：ゆうべ　なんじに　ねましたか／ねたんですか。
　　　B：（　　　　　　　　）に　ねました／ねたんです。
(3)　A：いつ　でんわを　かけましたか／かけたんですか。
　　　B：（　　　　　　　　）に　かけました／かけたんです。

れんしゅう3　（「いらっしゃる」）

ことば				
きのう	おととい	ゆうべ	けさ	さっき
せんしゅう	せんげつ	きょねん		

(1) A：どこへ　いらっしゃるんですか。

　　B：（　　　　　　　）へ　いくんです。

(2) せいと：せんせいは　なんじに　がっこうへ　いらっしゃるんですか。

　　きょうし：（　　　　　　　）にきます／くるんです。。

れんしゅう4　（じょし「を」、どうし「でる」、「たつ」、「おりる」）

(1) A：まいにち　なんじに　うち<u>を</u>　でるんですか。

　　B：（　　　　　　　）に　でます／でるんです。

(2) A：いつ　とうきょう<u>を</u>　たつんですか。

　　B：（　　　　　　　）に　たちます／たつんです。

(3) A：どこで　バス<u>を</u>　おりるんですか。

　　B：（　　　　　　　）で　おります／おりるんです。

151

離開

「〜を　でる」

「〜を　たつ」

「〜を　おりる」

じょすうし1 （以 "さ" "し" "す" "せ" "そ" 開頭的助數詞）

注意：當數到1、8和10的時候，要發生促音便。

	さつ（冊）	さい（歳）	しゅうかん（星期）	センチ（公分）
①	いっさつ	いっさい	いっしゅうかん	いっセンチ
2	にさつ	にさい	にしゅうかん	にセンチ
3	さんさつ	さんさい	さんしゅうかん	さんセンチ
4	よんさつ	よんさい	よんしゅうかん	よんセンチ
5	ごさつ	ごさい	ごしゅうかん	ごセンチ
6	ろくさつ	ろくさい	ろくしゅうかん	ろくセンチ
7	ななさつ	ななさい	ななしゅうかん	ななセンチ
⑧	はっさつ	はっさい	はっしゅうかん	はっセンチ
9	きゅうさつ	きゅうさい	きゅうしゅうかん	きゅうセンチ
⑩	じっさつ／じゅっさつ	じっさい／じゅっさい	じっしゅうかん／じゅっしゅうかん	じっセンチ／じゅっセンチ
?	なんさつ	なんさい／いくつ	なんしゅうかん	なんセンチ

れんしゅう5 （な・けいようし）

(1) A: ほんは　なんさつ　かったんですか。

B: （　　　　　　　）さつ　かいました。

(2) （びょういんで）（　　　　　　　）センチぐらい　きってください。

(3) A: おとうさん／おかあさんは　おいくつですか。

B: ちち／ははは（　　　　　）（　　　　　）です。

どようびは　なにを　しましたか／したんですか。

153

しゅくだい（だい11か）

1. れいの ように かえてください。

   （れい）きょう れんしゅう するんです。

   　　　　→きのう れんしゅう したんです。

   (1) きょう ほんを よむんです。→

   (2) きょう がっこうへ いくんです。→

   (3) きょう ささきさんに あうんです。→

   (4) きょう くつを かうんです。（くつ：鞋子）→

2. れいの ように こたえてください。

   （れい）　べんきょうしたんですか。→はい、べんきょうしました。

   (1) およいだんですか。→

   (2) ゆきは ふったんですか。→

   (3) この もんだいは わかったんですか。（もんだい：問題）→

   (4) てんきよほうは きいたんですか。→

3. つぎの ぶんを にほんごに やくしてください。

   (1) 昨晚我去了飛機場（ます）（飛機場：くうこう）

   (2) 冬天很冷。（です）

   (3) 上週六我來這裡了。（ます）

   (4) 今天早晨你幾點鐘出門的？（んです）

   (5) 昨天我買了2本書。（ます）

   (6) 我在東京呆了一個星期。（んです）

154

單詞	詞性	漢字	意義
あき	名詞	秋	秋天
おととい	名詞	一昨日	前天
おりる	動詞	降りる	下來，下降
かえる	動詞	変える	改變，改換
かける	動詞		打電話
かこ	名詞	過去	過去
きのう	名詞	昨日	昨天
きょねん	名詞	去年	去年
きる（G-1）	動詞	切る	剪，切
きんじょ	名詞	近所	附近，近鄰
くうこう	名詞	空港	機場
くつ	名詞	靴	鞋子
けさ	名詞	今朝	今天早上
ごご	名詞	午後	下午
ごぜんちゅう	名詞	午前中	上午
こたえる	動詞	答える	回答
～さい	量詞	～歳	～歲
ささき	專有名詞	佐々木	佐佐木（人名）
～さつ	助数詞	冊	～冊
さっき	副詞		剛才
～しゅうかん	量詞	週間	～周
すうし	名詞	数詞	數詞
せんげつ	名詞	先月	上個月
せんしゅう	名詞	先週	上週
せんたく	名詞	洗濯	洗衣服
（～）センチ	名詞		（～）公分
そうじ	名詞	掃除	掃除，清潔

155

たつ	動詞	発つ	出發
つぎ	名詞	次	下一個，其次
でる	動詞	出る	出去
なつ	名詞	夏	夏天
ピーター	専有名詞		彼得（人名）
びよういん	名詞	美容院	美容院，髮廊
ふゆ	名詞	冬	冬天
ふる	動詞	降る	下，將
ぶん	名詞	文	語句
ほっかいどう	専有名詞	北海道	北海道（地名）
まいる	動詞	参る	去，來
もっと	副詞		更，再
もんだい	名詞	問題	問題
やくす	動詞	訳す	翻譯
ゆうべ	名詞	夕べ	昨天晚上
ゆき	名詞	雪	雪
よう	助動詞		像～一樣
れい	名詞	例	例子

だい12か 「どうして たべなかったんですか。」
（你為什麼不吃？）

かいわ 1 （まちで）

なかむら：のどが かわきました。 なにか のみませんか。

さかもと：ぼくは おなかが すきました。けさ あさごはんを
たべなかったんです。

なかむら：どうして たべなかったんですか。

さかもと：じかんが なかったんです。

なかむら：とにかく、マクドナルドに はいりましょう。

てんいん：いらっしゃいませ。

さかもと：ハンバーガーを ふたつと フライド・ポテトを おねがいします。

てんいん：おのみものは。

さかもと：コーラと セブン・アップを ください。

てんいん：おもちかえりですか。

さかもと：いいえ。

157

かいわ 2 （きょうしつで）

スーザン：あら、こんにちは。はやいですね。

ピーター：しごとが はやく おわったんです。

スーザン：おとといは どうして レッスンに こなかったんですか。

ピーター：ねつが あったからです。かぜを ひいたんです。

スーザン：だいじょうぶですか。もう ねつは ないんですか。

ピーター：ええ、もう だいじょうぶです。ありがとう。

どうし

1. かこ　(2)　否定形

（例　"いく"）

	現在／将來		過去	
1　ない-形	いかない	**1　なかった-形**	**いかなかった**[2]
2　ます-形 （否定）	いきません	**2　ます-形** **（否定）**	**いきませんでした**[1]
3　基本形	いく	3　た-形	いった
4　假定形 5　意志形 6　て-形	いけば いこう いって	（無時態）	

1) ます-形：用"ます-形詞幹+ませんでした"。

　　例　いきます　→　いきませんでした

2) 簡體：用なかった-形

　　例　いかない　→　いかなかった

3) なかった-形：接續方法與ない-形相同

　　例　ない-形：　　いか<u>ない</u>　　　およが<u>ない</u>

　　　　なかった-形：いか<u>なかった</u>　　およが<u>なかった</u>

2. 否定形式句詞尾（例　"いく"）

	敬體 ます-型	簡體	敬體 んです-型
現在／將來	いきません	いかない（ない-形）	いかないんです
過去	いきませんでした	いかなかった （なかった-形）	いかなかったんです

3. のどがかわいた／かわきました（我渴了）

おなかがすいた／すきました（我餓了）

以上表達雖然使用的是過去式，

但描述的是現在的狀態。

じょし

進入／目的地，著落點：に（格助詞）

例　マクドナルドに　はいりましょう。（我們去麥當勞吧。）

よじに　とうきょうに　つきました。（我4點鐘到達東京的。）

こくばんに　かいてください。（請寫在黑板上。）

そのた

1. はやい、はやく（早）

"はやい"是形容詞，"はやく"是副詞。

例　はやいですね。（好早啊。）

はやく　おわったんです。（結束的早。）

2. だいじょうぶ　［な・けいようし］（沒關係）

"だいじょうぶ"用於擔心別人的時候。

3. もう（已經）

"もう"表示某事物已經發生變化。

例　もう　ねつは　ないんです。（我現在已經不發燒了[雖然我之前發燒了]。）

もう　だいじょうぶです。（我已經好了[雖然之前我生病了]。）

れんしゅう1 　（「あった」、「なかった」）

　　A：（かぎ、さいふ、かさ）は　あったんですか。

　　B：いいえ、＿＿＿＿＿＿＿は　なかったんです。

れんしゅう2 　（動詞，過去肯定和否定）

(1)　A：どうして　レッスンに　こなかったんですか。

　　B：（ねつ、ざんぎょう、かいぎ、ようじ）が　あったんです。

(2)　A：どうして　なにも　たべなかったんですか。

　　B：（じかん、おかね）が　なかったんです。

(3)　A：どこかへ　いきましたか／いったんですか。

　　B：｛はい、＿＿＿＿＿＿＿へ　いきました／いったんです。
　　　　いいえ、どこへも　いきませんでした／いかなかったんです。

(4)　A：なにか　やりましたか／やったんですか。

　　B：｛はい、＿＿＿＿＿＿＿＿＿＿／＿＿＿＿＿＿。
　　　　いいえ、＿＿＿＿＿＿＿＿＿＿／＿＿＿＿＿＿。

れんしゅう3 　（じょし「に」、どうし「はいる」、「かく」、「つく」、「のる」）

(1)　（きょうしつ、へや、なか）に　はいってください。

(2)　（ホワイトボード、かみ、ノート）に　かいてください。

(3)　A：なんじに　きょうとに　つきましたか／ついたんですか。

　　B：（　　　　　　　）に　つきました／ついたんです。

(4)　A：なんじの　でんしゃに　のりますか／のるんですか。

　　B：（　　　　　　　）のに　のります／のるんです。

進入／到達

「〜に　はいる」

「〜に　かく」

「〜に　つく」

「〜に　のる」

161

れんしゅう4　（「を／は　しっている、しらない、しっていた、しらなかった」）

(1)　A：_____さんを／は　しっていますか／しっているんですか。

　　　B：$\begin{cases}\text{はい、しっています。} \\ \text{いいえ、しりません／しらないんです。}\end{cases}$

(2)　A：その　ことを／は　しっていましたか／しっていたんですか。

　　　B：$\begin{cases}\text{はい、しっていました。} \\ \text{いいえ、しりませんでした／しらなかったんです。}\end{cases}$

しゅくだい（だい12か）

1. つぎの　ひょうを　かんせいしてください。

	ある	はいる(G-1)	でる(G-2)	くる	する
なかった-形					
ます-形(過去)					
た-形					
假定形					
可能形					
意志形					
て-形					

2. れいの　ように　こたえてください。

(れい)　そうじは　したんですか。→いいえ、しなかったんです。

(1)　しごとは　はやく　おわったんですか。

(2)　あめは　ふったんですか。

(3)　じゅうしょは　しっていたんですか。（じゅうしょ：住址）

(4)　かいしゃには　でんわを　かけたんですか。

3. つぎの　ぶんを　にほんごに　やくしてください。

(1)　我餓了。（ます）

(2)　我渴了。（ます）

(3)　你感冒了嗎？（んです）

(4)　你為什麼不買這本字典？（んです）

單詞	詞性	漢字	意義
いらっしゃいませ			歡迎光臨
おのみもの→のみもの			
おもちかえり→もちかえり			
おわる	動詞	終わる	結束
かいぎ	名詞	会議	會議
かぎ	名詞	鍵	鑰匙
かさ	名詞	（傘）	傘
かぜ	名詞	風邪	感冒
かみ	名詞	紙	紙
かわく	動詞	（渇く）	渴，嗓子乾
かんせい	名詞	完成	完成
きょうと	專有名詞	京都	京都（地名）
コーラ	名詞		可樂
こと	名詞	事	事件
さいふ	名詞	財布	錢包
さかもと	專有名詞	坂本	坂本（人名）
じゅうしょ	名詞	住所	住址
スーザン	專有名詞		蘇珊（人名）
すく	動詞		餓
セブン・アップ	名詞		七喜（汽水）
つく	動詞	着く	到達
とにかく	副詞		總之，好歹
なかむら	專有名詞	中村	中村（人名）
ねつ	名詞	熱	發燒
ノート	名詞		筆記本
のど	名詞	喉	喉嚨
のみもの	名詞	飲み物	飲料

のる	動詞	乗る	登上，乗上，搭乗
はいる	動詞	入る	進入
はやい	い形容詞	早い	早
ハンバーガー	名詞		漢堡
ひく	動詞		患（感冒）
ひょう	名詞	表	表格
フライドポテト	名詞		炸薯條
ホワイトボード	名詞		白板
もちかえり	名詞	持ち帰り	拿回，帶回，外帶
ようじ	名詞	用事	應作的事

だい13か 「いくらでしたか。」（多少錢？）

かいわ （やきとりやで）

ウェートレス：いらっしゃいませ。ごちゅうもんは。

ウィリアム：ぼくは　やきとりに　します。

ウェンディ：わたしは　かまめしに　します。

ウェートレス：やきとりと　かまめしですね。おのみものは。

ウィリアム：ビールを　いっぽん　ください。

ウェートレス：はい。

……

ウェートレス：おまちどおさまでした。

ウィリアム、ウェンディ：いただきます。

ウェンディ：ウィリアムさんは　わしょくは　すきですか。

ウィリアム：だいすきです。とくに　やきとりと　さしみが　すきなんです。

ウェンディ：ほんとうですか。わたしは　おさしみは　あまり
　　　　　　　すきじゃないんです。

165

……

ウェンディ：ごちそうさまでした。

ウィリアム：ごちそうさま。おかんじょう
　　　　　　　おねがいします。

（そとで）

ウェンディ：わりかんに　しましょう。いくらでしたか。

ウィリアム：にせん　ろっぴゃく　よんじゅうえんでした。

助動詞　（だ／です）

1. かこ　　(1)　肯定形

（括弧內的部分是口語形式）

	現在／將來	過去
1　否定形	…ではない（じゃない）	…ではなかった（じゃなかった）
2　敬體（肯定）	…です	**…でした**
3　肯定形	…だ	**…だった**
4　假定形	…なら*	
5　推量形	…だろう*	（無時態）
6　て-形	…で	

*)假定形和推量形的用法不在本冊書中介紹

1) 敬體：用 "でした"

　　例　がくせいです　→　がくせいでした

2) 簡體：用 "だった"

　　例　しずかだ　→　しずかだった

2. 肯定形式句詞尾

	敬體 普通型	簡體	敬體 んです-型
現在／將來	…です	…だ	…なんです
過去	…でした	…だった	…だったんです

　　例　いくらですか／なんですか。（多少錢？）

　　　　いくらでしたか／だったんですか。（[過去]多少錢？）

な・けいようし

すき（喜歡）／きらい（討厭）

例　すきな　おんがく（喜歡的音樂）

きらいな　たべもの（討厭的食物）

"だいすき"意思是"非常喜歡"。"だいすき"的反義詞是"だいきらい"。

じょし

某些形容詞的對象語：が（格助詞）

用助詞"が"表達人的情感的一些形容詞的對像語，如"すき（喜歡）""きらい（討厭）""ほしい（想要）""うれしい（高興）""かなしい（悲傷）"等。

當加"は""も"時，"が"應該省略。

例　わしょくは　すきですか。（你喜歡日本料理嗎？）

やきとりが　すきです。（我喜歡烤雞肉串。）

さしみが　だいすきです。（我非常喜歡生魚片。）

ふゆは　きらいです。（我不喜歡冬天。）

どうし

に　する（決定／選擇）

"に　する"表示某個人的決定。

例　かまめしに　します。（我要一份什錦飯。）

これに　します。（我選擇這個。）

わりかんに　しましょう。（我們均攤吧。）

れんしゅう1 （「でした」、「だったんです」）

(1)　A：きのうは　なんようびでしたか。

　　　B：きのうは ＿＿＿＿＿＿＿＿ でした。

(2)　A：おてんきは　どうでしたか／だったんですか。

　　　B：（はれ、くもり、あめ、ゆき）でした／だったんです。

れんしゅう2 （「すきだ」、「きらいだ」）

(1)　A：どんな　たべものが　すきですか／なんですか。

　　　B：＿＿＿＿＿＿＿＿が　すきです／なんです。

(2)　A：どんな　くだものが　すきです／なんですか。

　　　B：＿＿＿＿＿＿＿＿が　すきです／なんです。

たべもの

のみもの

くだもの

スポーツ

(3) A：どんな　おんがくが　すきですか／なんですか。

　　B：＿＿＿＿＿＿＿＿＿が　すきです／なんです。

(4) A：＿＿＿＿＿＿＿＿＿は　すきですか。

　　B：┌ はい、だいすきです／なんです。

　　　　│ はい、すきです／なんです。

　　　　┤ いいえ、あまり　すきじゃないです／じゃないんです。

　　　　│ いいえ、きらいです／なんです。

　　　　└ いいえ、だいきらいです／なんです。

(5) A：どんな　かもくが　すきでしたか／だったんですか。

　　B：（えいご、こくご、すうがく、れきし）が　すきでした／

　　　　だったんです。

れんしゅう3　（すきな＋名詞）

169

(1) A：すきな　うたは　なんですか。

　　B：＿＿＿＿＿＿＿＿＿です。

(2) A：すきな　（かしゅ、はいゆう、じょゆう）は　だれですか。

　　B：＿＿＿＿＿＿＿＿＿です。

れんしゅう4　（「に　する」）

(1) A：ごちゅうもんは。

　　B：＿＿＿＿＿＿＿＿＿に　します。

(2) A：どれに　しますか。

　　B：＿＿＿＿＿＿＿＿＿に　します。

じょすうし2　（以 "は" "ひ" "ふ" "へ" "ほ" 開頭的助數詞）

注意：當數到1、6、8和10的時候，音節會發生變化並發生促音便。

　　　而數到3和？（疑問）時，音節發生變化。

	ほん（用於鉛筆等）	ひき（用於小動物）	はい（玻璃杯／碗／桶）
①	いっぽん	いっぴき	いっぱい
2	にほん	にひき	にはい
3	さんぼん	さんびき	さんばい
4	よんほん	よんひき	よんはい
5	ごほん	ごひき	ごはい
⑥	ろっぽん	ろっぴき	ろっぱい
7	ななほん	ななひき	ななはい
⑧	はっぽん	はっぴき	はっぱい
9	きゅうほん	きゅうひき	きゅうはい
⑩	じっぽん／じゅっぽん	じっぴき／じゅっぴき	じっぱい／じゅっぱい
？	なんぼん	なんびき	なんばい

170

れんしゅう5

(1)　（ぶんぼうぐやで）　えんぴつを　（　　　　）　ください。

　　　（さかやで）　ビールを　（　　　　）　ください。

(2)　（さかなやで）　この　さかなを　（　　　　）　ください。

(3)　きのうは　コーヒーを　（　　　　）　のみました。

しゅくだい（だい13か）

1. しつもんに　こたえてください。

   (1) おとといは　なんようびでしたか。

   (2) せんしゅうの　きんようびは　なんにちでしたか。

2. つぎの　ぶんを　にほんごに　やくしてください。

   (1) 昨天是我的生日。（んです）

   (2) 天氣如何？（敬體普通型[過去]）

   (3) 你喜歡中餐嗎？（敬體普通型）

   (4) 不，我一點也不喜歡。（んです）

   (5) 你喜歡什麼樣的歌曲？（敬體普通型）

   (6) 我點了咖啡。（ます）

   (7) 你有幾支鉛筆？（ます）

3. かっこの　なかに　すうしを　いれてください。

171

   (1) にほんごの　ほんを　（　　　　　　）　よみました。（3本）

   (2) ホンコンに　（　　　　　　）　いました。（ホンコン：香港）
       （1個星期）

   (3) ビールを　（　　　　　）　かいました。（6瓶）

   (4) イギリスじんは　（　　　　）しか　いません。（イギリス：英國）
       （2人）

   (5) おみずを　（　　　　）ください。（1杯）

   (6) この　りんごは　（　　　　　）いくらですか。（りんご：蘋果）
       （1個）

   (7) あのひとは　（　　　　　　）です。（30歳）

單詞	詞性	漢字	意義
イギリス	專有名詞		英國
いただきます			那就不客氣了
ウィリアム	專有名詞		威廉（人名）
ウェートレス	名詞		女服務生
ウェンディ	專有名詞		溫蒂（人名）
うれしい	い形容詞	嬉しい	高興的
おかんじょう→かんじょう			
おまちどおさま（でした）			久等了
おみず→みず			
かしゅ	名詞	歌手	歌手
かっこ	名詞	（括弧）	括號
かなしい	い形容詞	悲しい	悲傷的
かまめし	名詞	釜飯	小鍋什錦飯
かもく	名詞	科目	科目
かんじょう	名詞	勘定	結帳
きらい	な形容詞	嫌い	厭惡
くだもの	名詞	果物	水果
くもり	名詞	曇り	陰天
こくご	名詞	国語	日語
さかや	名詞	酒屋	酒館
しつもん	名詞	質問	提問
じょゆう	名詞	女優	女演員
すうがく	名詞	数学	數學
すき	な形容詞	好き	喜歡
だいきらい	な形容詞	大嫌い	非常討厭
だいすき	な形容詞	大好き	非常喜歡
だった	助動詞		表示過去判斷的助動詞

たべもの	名詞	食べ物	食品
ちゅうもん（する）	名詞	注文（する）	訂購，訂貨
でした	助動詞		表示過去判斷的助動詞
とくに	副詞	特に	特別，尤其
～はい・ばい・ぱい	助数詞	～杯	～杯，～碗
はいゆう	名詞	俳優	演員
ビール	名詞		啤酒
～ひき・びき・ぴき	量詞	～匹	～隻
ぶんぼうぐ（や）	名詞	文房具（屋）	文具店
～ほん・ぼん・ぽん	量詞	～本	～瓶，～枝
ホンコン	專有名詞	香港	香港
ほんとう	名詞	本当	眞的，眞實的
みず	名詞	水	水
やきとり	名詞	焼き鳥	烤雞肉串
りんご	名詞		蘋果
れきし	名詞	歴史	歴史
わりかん	名詞	割り勘	均攤費用

173

だい14か　「いい　てんきじゃなかったです。」
（不是好天氣。）

かいわ　1

なかむら：おかえりなさい。しゅっちょうは　どうでしたか。つかれましたか。

やまもと：ええ、くたくたです。

なかむら：おてんきは　どうでしたか。

やまもと：あまり　いい　てんきじゃなかったです。いま、うきなんです。

なかむら：ホテルは　きれいでしたか。

やまもと：とても　きれいでした。でも　まちは　あまり　きれいじゃ
　　　　　ありませんでした。

なかむら：よく　がいこくへ　しゅっちょうするんですか。

やまもと：はい、よく　とうなんアジアへ　しゅっちょうします。

かいわ　2

かわむら：ゆうべ　わたなべさんと　いっしょに　カラオケ・バーに
　　　　　いったんです。

たかはし：カラオケでは　なにを　うたったんですか。

かわむら：ぼくは　ぜんぜん　うたわなかったんです。

たかはし：どうしてですか。

かわむら：ぼくは　うたが　へただからです。

たかはし：わたなべさんは　うたったんですか。

かわむら：ええ、いろいろな　うたを　たくさん　うたいました。

たかはし：じょうずでしたか。

かわむら：ぜんぜん　じょうずじゃなかったです。

助動詞　（だ／です）

1. かこ　⑵　否定形

（括弧內的部分是口語形式）

		現在／將來	過去
1	否定形	…ではない（じゃない）	…ではなかった（じゃなかった）
2	敬體（肯定）	…ないです （…じゃないです） …ではありません （…じゃありません）	**…ではなかったです** **（…じゃなかったです）** **…ではありませんでした** **（…じゃありませんでした）**
3	肯定形	だ	だった
4	假定形	なら*	
5	推量形	だろう*	（無時態）
6	て-形	で	

*）假定形和推量形的用法不在本冊書中介紹

1) 敬體：日語中有兩種敬體否定形，分別是“ではなかったです（じゃなかったです）”和“ではありませんでした（じゃありませんでした）”。後者比前者更加禮貌。

　　例　じょうずじゃないです　→　じょうずじゃなかったです

　　　　きれいじゃありません　→　きれいじゃありませんでした

2) 簡體：用“ではなかった(じゃなかった)”

　　例　いい　てんきじゃない　→　いい　てんきじゃなかった

2. 否定形式句詞尾

（括弧內的部分是口語形式）

	敬體 普通型	簡體	敬體 んです-型
現在／將來	…ではないです （…じゃないです） …ではありません （…じゃありません）	…ではない （…じゃない）	…ではないんです （…じゃないんです）
過去	…ではなかったです （…じゃなかったです） …ではありませんでした （…じゃありませんでした）	…ではなかった （…じゃなかった）	…ではなかったんです （…じゃなかったんです）

例　きょうは　いい　てんきじゃないです／じゃありません。

（今天不是個好天氣。）

きのうは　いい　てんきじゃなかったです／じゃありませんでした。

（昨天不是個好天氣。）

な・けいようし

じょうず（擅長）／へた（不擅長）

とくい（擅長）／にがて（不擅長）　參照れんしゅう3

　　"とくい（擅長）／にがて（不擅長）"適用於任何技能以及學校的學科

　　等，而"じょうず（擅長）／へた（不擅長）"只用於技能方面。

例　あのひとは　すうがくが　とくいです。（他擅長數學。）

　　（×　あのひとは　すうがくが　じょうずです。）

助詞"が"表示"じょうず"和"へた"的對象。

例　ぼくは　うたが　へたです。（我不擅長唱歌。）

あのひとは　にほんごが　じょうずです。（他日語很厲害。）

れんしゅう1 （「でした」、「じゃなかったです／じゃありませんでした」）

(1) A：きのうは　いいてんきでしたか。

B： はい、とても　いいてんきでした。

いいえ、あまり　いいてんきじゃなかったです／
　　　　　　　　　　いいてんきじゃありませんでした。

(2) A：ホテルは　きれいでしたか。

B： はい　とても _____。

いいえ、あまり _____／

_____。

(3) A：しけんは　かんたんでしたか。

B： はい 、_____。

いいえ、_____／

_____。

(4) A：（れきし、すうがく）は　すきでしたか。

B：_____。

れんしゅう2 （「が／は　じょうずだ」、「が／は　へただ」）

(1) A：あなたは　にほんごが　じょうずですね。

B：いいえ、まだ　へたです／へたなんです。

(2) A：あのひとは　（え、うた）は　じょうずですか／じょうずなんですか。

B：はい、すごく　じょうずです／じょうずなんです。

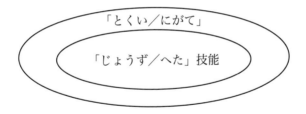

「とくい／にがて」

「じょうず／へた」技能

「～が　じょうずだ」　　「～が　へただ」

れんしゅう3　（が／は　とくいだ」、「が／は　にがてだ」）

(1)　A：（ゴルフ、テニス）は　できますか。

　　　B：　はい、とくいです／とくいなんです。

　　　　　いいえ、あまり　とくいじゃないです／とくいじゃないんです。

　　　　　いいえ、にがてです／にがてなんです。

(2)　A：とくいな　りょうりは　なんですか。

　　　B：＿＿＿＿＿＿＿＿＿＿＿＿＿＿＿＿＿＿です。

(3)　A：とくいな　かもくは　なんですか。

　　　B：＿＿＿＿＿＿＿＿＿＿＿＿＿＿＿＿＿＿です。

しゅくだい（だい14か）

1. かこに　かえてください。

   (1) ひまです。（敬體）

   (2) きれいじゃありません。（敬體）

   (3) べんりだ。（簡體）

   (4) しずかじゃない。（簡體）

   (5) すきです。（敬體）

   (6) じょうずじゃないです。（敬體）

2. つぎの　しつもんに　こたえてください。

   (1) りょうりは　とくいですか。

   $\begin{cases} はい、 \\ いいえ、 \end{cases}$

   (2) あのひとは　えいごは　じょうずですか。

   $\begin{cases} はい、 \\ いいえ、 \end{cases}$

3. つぎの　ぶんを　にほんごに　やくしてください。

   (1) 你昨天有空嗎？（敬體普通型）

   (2) 那個賓館很不方便。（敬體普通型[過去]）

   (3) 他擅長打網球。（敬體普通型）

   (4) 我不擅長唱歌。（敬體んです）

單詞	詞性	漢字	意義
いろいろ	な形容詞	色々	各種各樣
うき	名詞	雨季	雨季
うた	名詞	歌	歌
うたう	動詞	歌う	唱歌
え	名詞	絵	圖畫，繪畫
おかえりなさい		お帰りなさい	你回來了。
カラオケ・バー	名詞		卡拉OK廳
かわむら	專有名詞	川村・河村	川村（人名）
くたくた	な形容詞		筋疲力盡
しゅっちょう(する)	名詞	出張（する）	出差
じょうず	な形容詞	上手	擅長
たかはし	專有名詞	高橋	高橋（人名）
とうなん	名詞	東南	東南
とくい	な形容詞	得意	拿手，擅長
にがて	な形容詞	苦手	不擅長
へた	な形容詞	下手	笨拙，不高明
ほしい	い形容詞	欲しい	想要
まち	名詞	町	城鎮

だい15か　「パンダが　かわいかったです。」
（大貓熊好可愛。）

かいわ　1

ソフィア：ゴールデン・ウィークには　どこかへ　いったんですか。

フィリップ：いいえ、どこへも　いかなかったんです。ソフィアさんは。

ソフィア：わたしは　うえの　どうぶつえんへ　いったんです。うえの
　　　　　どうぶつえんは　しっていますか。

フィリップ：いいえ、しりません。どうでしたか。

ソフィア：パンダが　すごく　かわいかったです。

かいわ　2

はやし：いい　くるまを　もっていますね。

かとう：せんげつ　かったんです。はやしさんは　どんな　くるまが
　　　　すきですか。

はやし：ぼくは　フォルクス・ワーゲンが　すきなんです。しんしゃが
　　　　ほしいです。

かとう：ぼくも　しんしゃが　ほしかったんです。でも　たかいから
　　　　あきらめました。

はやし：この　くには　くるまの　ぜいきんが　たかいですね。

かとう：でも　ちゅうしゃじょうは　すごく　やすいです。それに　こうそく
　　　　どうろは　ただです。こんど　ドライブに　いきませんか。

はやし：ええ、ぜひ　さそってください。

い・けいようし

1. かこ (1) 肯定形

    （例 "たかい"）

		現在／将來	過去
1	否定形	たかくない	たかくなかった
2	敬體（肯定）	たかいです	**たかかったです**
3	肯定形	たかい	**たかかった**
4	假定形	たかければ*	}（無時態）
5	推量形	たかかろう*	
6	て-形	たかくて	

*)假定形和推量形的用法不在本冊書中介紹

1) 簡體："詞幹+かった"

    例 たかい → たかかった

2) 敬體：加"です"

    例 たかかった → たかかったです

（特例 "いい"）

		現在／將來	過去
1	否定形	よくない	よくなかった
2	敬體（肯定）	いいです	**よかったです**
3	肯定形	いい	**よかった**
4	假定形	よければ*	}（無時態）
5	推量形	よかろう*	
6	て-形	よくて	

*)假定形和推量形的用法不在本冊書中介紹

2. 肯定形式句詞尾（例 "たかい"）

	敬體 普通型	簡體	敬體 んです-型
現在／將來	たかいです	たかい	たかいんです
過去	たかかったです	たかかった	たかかったんです

例 きょうは てんきが いいですね。（今天的天氣眞好啊！）

きのうは てんきが よかったです。（昨天是個好天氣）

パンダが かわいかったです。（[過去]大熊貓好可愛。）

い・けいようし

ほしい（想要）

"ほしい"的對象使用助詞"が"。

例 フォルクス・ワーゲンが ほしいです。（我想要一輛福斯汽車。）

183

そのた

〜から（因爲……）、だから（因此）

例 たかかった（です）から、あきらめました。

（因爲很貴，所以我沒有買。）

たかかったです。だから あきらめました。

（價格很貴。因此我沒有買。）

在敬體句中不論是敬體還是簡體，都可以直接接"から"。

れんしゅう1　（「あつい」、「さむい」、「あたたかい」、「すずしい」）

(1)　きょうは　あつい。　　　　→　きのうは　あつかった。

(2)　きょうは　さむい。　　　　→

(3)　きょうは　あたたかい。　　→

(4)　きょうは　すずしい。　　　→

れんしゅう2　（い・けいようし　過去肯定）

(1)　A：えいがは　どうでしたか。（おもしろい、つまらない）

　　　B：⎰おもしろかったです。
　　　　　⎱つまらなかったです。

(2)　A：りょこうは　どうでしたか。（たのしい、つまらない）

　　　B：⎰＿＿＿＿＿＿＿＿＿＿＿＿＿＿。
　　　　　⎱＿＿＿＿＿＿＿＿＿＿＿＿＿＿。

(3)　A：りょうりは　どうでしたか。（おいしい、まずい）

　　　B：⎰＿＿＿＿＿＿＿＿＿＿＿＿＿＿。
　　　　　⎱＿＿＿＿＿＿＿＿＿＿＿＿＿＿。

(4)　A：おてんきは　どうでしたか。（いい、わるい）

　　　B：⎰＿＿＿＿＿＿＿＿＿＿＿＿＿＿。
　　　　　⎱＿＿＿＿＿＿＿＿＿＿＿＿＿＿。

れんしゅう3　（「が　ほしい」）

ことば
あかい　　あおい　　くろい
きいろ（の）　　みどり（の）
ちゃいろ（の）

ことば
シャツ　　ズボン　　ブラウス
スカート　　ワンピース
スーツ

(1) A : いま　なにが　ほしいですか。

B : ＿＿＿＿＿＿＿＿＿＿＿＿＿＿＿＿＿＿が　ほしいです。

(2) A : どんな　ふくが　ほしいんですか。

B : ＿＿＿＿＿＿＿＿　＿＿＿＿＿＿＿＿が　ほしいです。

れんしゅう4　（「～から、～」）

(1) りょこうに　いくんです。だから　おおきい　かばんが　ほしいんです。

→　りょこうに　いくから、おおきい　かばんが　ほしいんです。

(2) パーティーが　あるんです。だから、あたらしい　くつが　ほしいんです。

→＿＿＿＿＿＿＿＿＿＿＿＿＿＿＿＿＿＿＿＿＿＿＿＿＿＿＿＿＿。

(3) あめが　ふったんです。だから、テニスを　しなかったんです。

→＿＿＿＿＿＿＿＿＿＿＿＿＿＿＿＿＿＿＿＿＿＿＿＿＿＿＿＿＿＿＿。

(4) おいしかったから、＿＿＿＿＿＿＿＿＿＿＿＿＿＿＿＿＿＿＿＿＿＿＿＿。

(5) ＿＿＿＿＿＿＿＿＿＿＿＿＿＿から、＿＿＿＿＿＿＿＿＿＿＿＿＿＿＿。

じょすうし3　（以"か"、"き"、"く"、"け"、"こ"開頭的助數詞）

注意：當數到1、6和10的時候，要發生促音便。

（*當數3和？時，か→が、け→げ）

	かい（次數／樓層）	き（飛機）	けん（房屋／商店）	キロ（公斤／公里）
①	いっかい	いっき	いっけん	いちキロ
2	にかい	にき	にけん	にキロ
3	さんかい さんがい（樓層）*	さんき	さんげん*	さんキロ
4	よんかい	よんき	よんけん	よんキロ
5	ごかい	ごき	ごけん	ごキロ
⑥	ろっかい	ろっき	ろっけん	ろっキロ
7	ななかい	ななき	ななけん	ななキロ
8	はちかい	はちき	はちけん	はちキロ
9	きゅうかい	きゅうき	きゅうけん	きゅうキロ
⑩	じっかい／ じゅっかい	じっき／ じゅっき	じっけん／ じゅっけん	じっキロ／ じゅっキロ
？	なんかい なんがい（樓層）*	なんき	なんげん*	なんキロ

186

れんしゅう5

(1) きゃく：（　　　　　　　）は　なんがいですか。

てんいん：（　　　　　　　）です。

(2) （　　　　　　　）は　かどから　なんげんめですか。

(3) みかんを（　　　　　　　）キロ　ください。

しゅくだい（だい15か）

1. かこに　かえてください。

　⑴　きょうは　しごとを　します。

　⑵　おおさかは　いい　てんきです。

　⑶　この　ほんは　おもしろいです。

　⑷　わたしは　いそがしいんです。（んです）

　⑸　この　もんだいは　やさしいです。（やさしい：容易）

　⑹　しけんは　かんたんです。

　⑺　とうきょうは　てんきが　いいです。

　⑻　えいがは　はちじに　はじまります。（はじまる：開始）

　⑼　その　りょうりは　おいしいです。

　⑽　ともだちが　くるんです。（んです）

2. つぎの　ぶんを　にほんごに　やくしてください。

　⑴　今天早上冷。（敬體普通型[過去]）

　⑵　我想要一雙黑色的鞋子。（んです）

　⑶　我不想要白色的錢包。（敬體普通型）

3. かっこの　なかに　すうしを　いれてください。

　⑴　ぶんか　ランゲージ・スクールは　（　　　　　　　）です。（五樓）

　⑵　この　くすりは　いちにち　（　　　　　　　）のんでください。（三次）

　⑶　おこめを　（　　　　　　　）かいました。（こめ：米）（十公斤）

187

單詞	詞性	漢字	意義
あおい	い形容詞	青い	藍色
あきらめる	動詞	（諦める）	放棄
あたたかい	い形容詞	暖かい	溫暖的
おこめ→こめ			
～かい	量詞	～回・階	～次，～層
かど	名詞	角	角落，拐角
かとう	專有名詞	加藤	加藤（人名）
かばん	名詞		皮包，背包
～から	接続助詞		因爲～
かわいい	い形容詞		可愛的
～き	量詞	～機	～台（飛機）
きいろ	名詞	黄色	黃色
～キロ	名詞		～公斤，～公里
くに	名詞	国	國家
くるま	名詞	車	車
くろい	い形容詞	黒い	黑色的
～けん・げん	量詞	～軒	～棟，座
こうそく	名詞	高速	高速
ゴールデンウィーク	名詞		黃金週
こめ	名詞	米	米
さそう	動詞	誘う	邀請
シャツ	名詞		襯衫
しんしゃ	名詞	新車	新車
スーツ	名詞		套裝
スカート	名詞		裙子
スクール	名詞		學校
すずしい	い形容詞	涼しい	涼快的

ズボン	名詞		褲子
ぜいきん	名詞	税金	税款
ぜひ	副詞		務必，一定
ソフィア	専有名詞		蘇非亞（人名）
ただ	名詞		免費
たのしい	い形容詞	楽しい	快樂，高興
ちゃいろ	名詞	茶色	茶色
ちゅうしゃじょう	名詞	駐車場	停車場
つまらない	い形容詞		無聊
どうぶつえん	名詞	動物園	動物園
どうろ	名詞	道路	道路
ドライブ	名詞		開車旅行，兜風
パーティー	名詞		派對
はじまる	動詞	始まる	開始
はやし	専有名詞	林	林（人名）
パンダ	名詞		貓熊
フィリップ	専有名詞		菲利普（人名）
フォルクスワーゲン	専有名詞		福斯汽車
ふく	名詞	服	衣服
ブラウス	名詞		罩衫
ぶんか	名詞	文化	文化
みかん	名詞		橘子
みどり	名詞	緑	綠色
もつ	動詞	持つ	持，拿
やさしい	い形容詞	（易しい）	簡單的
ランゲージ	名詞		語言
りょこう	名詞	旅行	旅行
ワンピース	名詞		連衣裙

189

だい16か　「あまり　いそがしくなかったんです。」
（不怎麼忙。）

かいわ　1

いちろう：こんや　ひまですか。

よしこ：ええ。

いちろう：じゃ、いっしょに　ばんごはんを　たべませんか。ごちそうしますよ。

よしこ：えっ、ほんとうですか。うれしい。

いちろう：じつは　たからくじが　あたったんです。なにが　たべたいですか。

よしこ：もちろん　にほんりょうりです。

いちろう：どんな　ものが　いいですか。

よしこ：きょうは　さむいから　なべものに　しましょう。

190

かいわ　2

こばやし：きのうは　ざんぎょうしたんですか。

わたなべ：きのうは　しませんでした。あまり
　　　　　いそがしくなかったんです。

こばやし：じゃ、はやく　かえったんですか。

わたなべ：いいえ、ぶかと　ろばたやきに　いったんです。

こばやし：ぼくは　すごく　いそがしかったんです。よなかの　じゅうにじまで
　　　　　ざんぎょうしたんです。でも、きょうは　すごく　ひまです。

わたなべ：じゃ、マージャンを　やりませんか。

こばやし：きょうは　ねむいから、
　　　　　やりたくないです。はやく
　　　　　かえりたいんです。

い・けいようし

1. かこ　（2）　否定形

（例　“たかい”）

		現在／将來	過去
1	否定形	たかくない	**たかくなかった**
2	敬體（否定）	たかくないです	**たかくなかったです**
		たかくありません	**たかくありませんでした**
3	肯定形	たかい	たかかった
4	假定形	たかければ*	
5	推量形	たかかろう*	（無時態）
6	て-形	たかくて	

*)假定形和推量形的用法不在本冊書中介紹

1) 簡體：“詞幹+くなかった”

　　例　たかくない　→　たかくなかった

2) 敬體：“詞幹+くなかったです／くありませんでした”

　　例　たかくなかった　→　たかくなかったです

　　　　　　　　　　　　　　たかくありませんでした

（特例　“いい”）

		現在／將來	過去
1	否定形	よくない	**よくなかった**
2	敬體（否定）	よくないです	**よくなかったです**
		よくありません	**よくありませんでした**
3	肯定形	いい	よかった

2. 否定形式句詞尾（例 "たかい"）

	敬體 普通型	簡體	敬體 んです-型
現在／ 將來	たかくないです たかくありません	たかくない	たかくないんです
過去	たかくなかったです たかくありませんでした	たかくなかった	たかくなかったんです

例　きのうは　あまり　いそがしくなかったんです。（昨天不怎麼忙。）

　　きのうは　てんきが　よくなかったです。（昨天天氣不好。）

どうし → い・けいようし

たい-形：ます形詞幹+たい（想要做）

たい形活用和い-形容詞活用一致。

例　はやく　かえりたいんです。（我想早點回去。）

　　やりたくないです。（我想打麻將。）

他動詞的たい-形構成形容詞，其對象既可使用"を"也可使用"が"。

例　なにを／が　たべたいですか。（你想吃什麼？）

　　マージャンを／が　やりたいです。（我想打麻將。）

れんしゅう1　（い・けいようし　過去否定）

(1)　スープが　あつくない。　　　　→　スープが　あつくなかった。

(2)　ビールが　つめたくない。　　　→

(3)　ストーブが　あたたかくない。　→

(4)　クーラーが　すずしくない。　　→

(5)　サービスが　よくない。　　　　→

れんしゅう2 （い・けいようし　過去肯定和否定）

(1)　A：きのうは　いそがしかったですか。

　　　B：{ すごく　いそがしかったです。

　　　　　あまり　いそがしくなかったです。

(2)　A：しけんは　むずかしかったですか。

　　　B：{ すごく　＿＿＿＿＿＿＿＿＿＿＿＿＿＿。

　　　　　あまり　＿＿＿＿＿＿＿＿＿＿＿＿＿＿。

(3)　A：サービスは　よかったですか。

　　　B：{ とても　＿＿＿＿＿＿＿＿＿＿＿＿＿＿。

　　　　　ぜんぜん　＿＿＿＿＿＿＿＿＿＿＿＿＿。

れんしゅう3 （「～たい」）

(1)　パーティーに　いく。　→　パーティーに　いきたい。

(2)　ジュースを　のむ。　　→

(3)　タクシーで　いく。　　→

(4)　うちへ　かえる。　　　→

(5)　はやく　ねる。　　　　→

(6)　パソコンを　かう。　　→

(7)　おはなを　ならう。　　→

(8)　また　くる。　　　　　→

(9)　けっこんする。　　　　→

れんしゅう4 （「～たくない」）

(1)　おすしを　たべましょう。　→　おすしは　たべたくないんです。

(2)　ビールを　のみましょう。　→

(3) えいがを　みましょう。　　→

(4) ゴルフを　やりましょう。　　→

れんしゅう5

(1) A：どんな　くるまを／が　かいたいですか。

　　B：＿＿＿＿＿＿＿＿＿＿＿＿＿＿＿＿＿＿＿＿＿＿＿＿＿＿＿＿。

(2) A：どんな　えいがを／が　みたいですか。

　　B：＿＿＿＿＿＿＿＿＿＿＿＿＿＿＿＿＿＿＿＿＿＿＿＿＿＿＿＿。

(3) A：だれに　あいたいですか。

　　B：＿＿＿＿＿＿＿＿＿＿＿＿＿＿＿＿＿＿＿＿＿＿＿＿＿＿＿＿。

(4) A：なんじに　かえりたいですか。

　　B：＿＿＿＿＿＿＿＿＿＿＿＿＿＿＿＿＿＿＿＿＿＿＿＿＿＿＿＿。

カレンダー

にちようび	げつようび	かようび	すいようび	もくようび	きんようび	どようび
1	2	3	4	5	6	7
8	9	10	11	12	13	14
15	16	17	18	19	20	21
22	23	24	25	26	27	28
29	30	31				

しゅくだい（だい16か）

1. かこに　かえてください。

(1) サービスは　いいです。

(2) てんきは　よくないです。

(3) ホテルは　きれいです。

(4) へやは　しずかです。

(5) カメラが　ほしいです。

(6) ざんぎょうは　したくないです。

2. つぎの　ぶんを簡體に　かえてください。

(1) しけんは　むずかしかったです。

(2) きょうは　あたたかいです。

(3) わたしは　がくせいでした。

(4) えいがが　すきです。

(5) てがみが　かきたいです。

(6) えいがは　みたくなかったです。

3. つぎの　ぶんを　にほんごに　やくしてください。

(1) 今天早上不太冷。（敬體普通型）

(2) 你想喝點什麼？（敬體普通型）

(3) 我不想去買東西。（敬體普通型）

(4) 我曾想買一本好詞典。（んです）

單詞	詞性	漢字	意義
あたる	動詞	当る	砸，碰，猜中，中獎
えっ	感嘆詞		啊！
(お)はな→はな			
クーラー	名詞		冷氣，空調
けっこん（する）	名詞	結婚（する）	結婚
ごちそう（する）	名詞		招待，款待
ゴルフ	名詞		高爾夫
サービス	名詞		服務
じつは	副詞	実は	其實，實際上
ジュース	名詞		果汁
スープ	名詞		湯
ストーブ	名詞		火爐，暖爐
たからくじ	名詞	宝くじ	彩券
つめたい	い形容詞	冷たい	涼的，冷的
なべもの	名詞	鍋物	火鍋
ねむい	い形容詞	眠い	睏的
パソコン	名詞		電腦
はな	名詞	花、華道	花，插花
ぶか	名詞	部下	部下
マージャン	名詞		麻將
もちろん	副詞		不用說
よなか	名詞	夜中	半夜
ろばたやき	名詞	炉ばた焼き	爐端燒烤
わたなべ	專有名詞	渡辺	渡邊（人名）

197

だい17か　「いま　なにを　しているんですか」
（你正在做什麼？）

かいわ

ささき：もしもし。

ジョン：はい。

ささき：ささきです。こんにちは。

ジョン：ああ、どうも。

ささき：いま　なにを　しているんですか。

ジョン：かたかなの　れんしゅうを　しているんです。

ささき：えらいですね。まいにち　れんしゅうしているんですか。

ジョン：ええ。まいにち　れんしゅうしていますけど、むずかしいです。

ささき：ところで　あたらしい　ゲーム・ソフトが　あるから　うちへ
　　　　きませんか。

ジョン：じゃ、すぐ　いきます。

わたしの　かぞく

ちちは　かいしゃいんです。アメリカの　かいしゃに　つとめています。

ははは、きょうしです。ちゅうがっこうで　えいごを　おしえています。

わたしは　ごにんきょうだいの　まんなかです。

あには　けっこんしています。にほんにすんでいます。

あねは　こんやくしています。いま　フランスごを　ならっています。

おとうとは　ぐんたいに　はいっています。

いもうとは　こうこうに　いっています。じてんしゃで　がっこうに　かよっ
ています。

どうし

て-形＋いる（いる：G-2）

"動詞て-形＋いる／いた"用於表示現在或過去的狀態、經常性、習慣性的動作。（參照"しっている"和"すんでいる" 第9課）

例 1）いま しんぶんを よんでいます。（我現在正在看報紙。）

　　まいあさ しんぶんを よんでいます。（我每天早上看報紙。）

　　あさひしんぶんを よんでいます。（我訂閱了朝日新聞。）

　　參照 これから しんぶんを よみます。（我馬上去看報紙。）

2）いま だいがくに いっています。

　　（他現在在大學裡。或 他在大學裡念書。）

　　バスで がっこうへ いっています。（我乘坐公車去學校。）

　　參照 これから がっこうへ いきます。（我馬上去學校。）

そのた

〜けど〜、でも （但是）

例 まいにち れんしゅうしていますけど、むずかしいです。

まいにち れんしゅうしています。でも むずかしいです。

（我每天練習，但是還是覺得難。）

在敬體句中不論是敬體還是簡體，都可以直接接"けど"。

れんしゅう1 （いみを くらべてください。）

現在狀態	經常／習慣
(1) いま がっこうに いっています。	バスで がっこうへ いっています。
(2) いま べんきょうしています。	まいにち にじかん べんきょうしています。
(3) いま そうじを しています。	まいしゅう そうじを しています。
(4) いま せんたくを しています。	まいあさ せんたくを しています。

(5) いま　メールを　しています。　　まいつき　メールを　しています。

(6) いま　ニュースを　きいています。まいばん　ニュースを　きいています。

(7) いま　レッスンに　きています。　　いつも　レッスンに　きています。

れんしゅう2　（經常／習慣）

(1)　A：まいにち　どのぐらい　べんきょうを　しているんですか。

　　　B：（　　　　　　　　　）ぐらい　しています。

(2)　A：いつも　どんな　ものを　たべているんですか。

　　　B：（　　　　　　　　）や（　　　　　　　　）を　たべています。

(3)　A：なにしんぶんを　よんでいるんですか。

　　　B：（　　　　　　　　　）を　よんでいます。

(4)　A：まいにち　なんで　かいしゃ／がっこうへ　かよっているんですか。

　　　B：（　　　　　　　　　）で　かよっています。

れんしゅう3　（現在的状態「～ている」、過去的状態「～ていた」）

(1)　A：いま　なにを　やっているんですか。

　　　B：＿＿＿＿＿＿＿＿＿＿＿＿＿＿＿＿＿＿＿＿＿＿。

(2)　A：ゆうべ　なにを　やっていたんですか。

　　　B：＿＿＿＿＿＿＿＿＿＿＿＿＿＿＿＿＿＿＿＿＿＿。

(3)　A：えいわ　じてんは　もっていますか。

　　　B：＿＿＿＿＿＿＿＿＿＿＿＿＿＿＿＿＿＿＿＿＿＿。

(4)　A：おてんきは　どうですか。

　　　B：｛はれています。
　　　　　くもっています。
　　　　　あめが　ふっています。

れんしゅう4　（「～けど、～」）

(1)　まいにち　べんきょうしています。でも　わかりません。

　　→　まいにち　べんきょうしているけど、わかりません。

(2)　まいしゅう　「　　」を　みています。でも　こんしゅうは　みませんでした。

　　→＿＿＿＿＿＿＿＿＿＿＿＿＿＿＿＿＿＿＿＿＿＿＿＿＿＿＿。

(3)　みんな　りょこうに　いったんです。でも　わたしは　いきませんでした。

　　→＿＿＿＿＿＿＿＿＿＿＿＿＿＿＿＿＿＿＿＿＿＿＿＿＿＿＿。

(4)　おいしかったけど、＿＿＿＿＿＿＿＿＿＿＿＿＿＿＿＿＿＿＿＿。

(5)　＿＿＿＿＿＿＿＿＿＿＿＿＿＿＿けど、＿＿＿＿＿＿＿＿＿＿＿＿＿。

なにを　していますか／いるんですか

じょすうし4　（不發生讀音變化的助數詞）

	まい（數紙張等）	ぶ（報紙、文件）	じょう（房間面積）
1	いちまい	いちぶ	いちじょう
2	にまい	にぶ	にじょう
3	さんまい	さんぶ	さんじょう
4	よんまい／よまい	よんぶ／よぶ	よじょう（はん）
5	ごまい	ごぶ	ごじょう
6	ろくまい	ろくぶ	ろくじょう
7	ななまい	ななぶ	ななじょう
8	はちまい	はちぶ	はちじょう
9	きゅうまい	きゅうぶ	きゅうじょう
10	じゅうまい	じゅうぶ	じゅうじょう
？	なんまい	なんぶ	なんじょう

202

れんしゅう5

(1)　（　　　　）の　きってを（　　　　）と　はがきを（　　　　）ください。

(2)　これを（　　　　）コピーしてください。

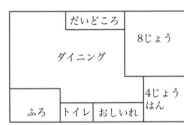

(3)　（ふどうさんやで）A：まどりは。

　　B：2DKです。へやは（　　　　）と（　　　　）です。

しゅくだい （だい17か）

1. れいの ように かえてください。

    （れい）およぐ→およいでいる

    (1) のむ→   (2) たべる→

    (3) ねる→   (4) たつ（站）→

    (5) すわる（坐）→   (6) くるまに のる→

    (7) うたを うたう→   (8) でんわを かける→

    (9) ここに くる→   (10) しごとを する→

2. つぎの ぶんを にほんごに やくしてください。

    (1) 你正在做什麼？（んです）

    (2) 我正在看電視。（んです）

    (3) 我正在看電視。（ます）

    (4) 我妹妹在學習插花。（んです）

    (5) 你有幾張郵票？（ます）

3. かぞくの ことを かいてください。

單詞	詞性	漢字	意義
２ＤＫ	名詞		兩房一廚
いみ	名詞	意味	意思
えいわじてん	名詞	英和辞典	英日字典
えらい	い形容詞	偉い	了不起的，出色的
おしえる	動詞	教える	教
かよう	動詞	通う	多次定期往復
きって	名詞	切手	郵票
きょうだい	名詞	兄弟	兄弟姐妹
くもる	動詞	曇る	陰，陰天
くらべる	動詞	比べる	比較
ぐんたい	名詞	軍隊	軍隊
ゲーム・ソフト	名詞		遊戲軟體
～けど	接続助詞		但是
こうこう	名詞	高校	高中
コピー	名詞		拷貝，複製
こんやく（する）	名詞	婚約（する）	訂婚
～じょう	量詞	～畳	～疊（面積單位，半坪）
すわる	動詞	座る	坐
たつ	動詞	立つ	站立
ちゅうがっこう	名詞	中学校	中學
つとめる	動詞	勤める	工作，任職
ところで	接続詞		可是
はがき	名詞	葉書	明信片
はれる	動詞	晴れる	晴，晴天
～ぶ	量詞	～部	～部
ふどうさん（や）	名詞	不動産（屋）	房地產公司
フランス（ご）	專有名詞		法國（法語）

～まい	量詞	～枚	～張
まいしゅう	名詞	毎週	毎週
まいつき	名詞	毎月	毎月
まどり	名詞	間取り	房間格局
まんなか	名詞	まん中	正中間
メール	名詞		郵件

だい18か　「まだ　しゅくだいを　やっていないんです」
（我還沒做作業。）

かいわ

けいこ：あめは　まだ　ふっていますか。

エミー：さあ、もう　ふっていないんじゃないですか。

けいこ：じゃ、ジョギングに　いきましょう。

エミー：でも　まだ　しゅくだいを　やっていないんです。

けいこ：じゃ、ひとりで　いきます。

エミー：いって（い）らっしゃい。

ただいま

おかえりなさい

……

けいこ：ただいま。

エミー：おかえりなさい。どこを　はしったんですか。

けいこ：こまざわこうえんを　はしったんです。しゅくだいは　もう
　　　　やりましたか。

エミー：ええ、もう　やりました。

けいこ：おひるは　もう　たべましたか。

エミー：まだ　たべていません。あさから　なにも　たべていないんです。

けいこ：じゃ、ラーメンを　つくりましょう。

エミー：また　ラーメンですか。

どうし

て-形＋いない

"動詞て-形＋いない／いなかった"是"動詞て-形＋いる／いた"的否定

形式，它也用來表示現在或過去的狀態，經常性、習慣性的動作等。

例　あめは　まだ　ふっていますか。（還在下雨麼？）

　　もう　ふっていません。（已經不在下了。）

　　まだ　しゅくだいを　やっていないんです。（我還沒有做作業。）

　　あさから　なにも　たべていないんです。（從早上開始什麼都沒吃。）

参照　けさ　あさごはんを　たべなかったんです。（今天早上沒吃早飯。）

じょし

經過的場所（在……裡／穿過／經過）：を（格助詞）

例　こうえんを　はしったんです。（我在公園裡跑步。）

　　みちを　あるきます。（我在街上走。）

當加"は"或"も"時，"を"應該省略。（参照れんしゅう3）

そのた

1. 簡體句＋んじゃないですか。（我覺得……）

例　ふっていないんじゃないですか。（我覺得不在下雨了。）

簡體句中的助動詞"だ"在後接"んじゃないですか"時應該變為"な"

例　あのひとは　にほんじんだ。

　　→　あのひとは　にほんじんなんじゃないですか。

　　（我覺得他是日本人。）

　　（×　あのひとは　にほんじんだんじゃないですか。）

"～んじゃないですか"用於口語說法。

2. まだ

　　"まだ"表示"還"，用於描述還沒有發生必要或預期的變化的事物。

　　（參照 "もう"第12課）

　　例　あめは　まだ　ふっていますか。（還在下雨麼？[雨應該停了。]）

　　　　まだ　しゅくだいを　やっていないんです。（我還沒做作業。[作業
　　　　應該做完了。]）

　　參照　もう　ふっていません。（已經不在下雨了。）

　　　　しゅくだいは　もう　やりましたか。（你已經做了作業了嗎？）

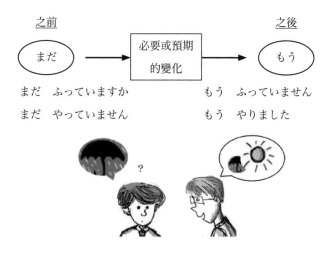

之前　　　　　　　　　　　　　　　　　　　　之後

まだ　→　必要或預期的變化　→　もう

まだ　ふっていますか　　　　　もう　ふっていません
まだ　やっていません　　　　　もう　やりました

れんしゅう1　（いみを　くらべてください）

(1) けさから　なにも　たべていません。

　　　　　　　　　⇔　けさは　なにもたべませんでした。

(2) あめは　ふっていません。

　　　　　　　　　⇔　あめは　ふりませんでした。

(3) いちねんかん　えいがを　みていません。

　　　　　　　　　⇔　きょねんは　えいがを　みませんでした。

(4) まだ よしゅうを していません。

⇔ きのうは よしゅうを しませんでした。

(5) あのひとに ずっと あっていません。

⇔ あのひとには あいませんでした。

(6) おいしゃさんには いっていません。

⇔ おいしゃさんには いきませんでした。

れんしゅう2 （經常、習慣性動作、狀態）

(1) A：まいにち べんきょうしていますか。

B：｛ はい、しています。

いいえ、まいにちは していません。

(2) A：くすりは まいにち のんでいますか。

B：｛ はい、のんでいます。

いいえ、まいにちは のんでいません。

(3) A：まいにち しんぶんを よんでいるんですか。

B：｛ はい、＿＿＿＿＿＿＿＿＿＿＿＿＿＿＿＿＿。

いいえ、＿＿＿＿＿＿＿＿＿＿＿＿＿＿＿＿。

(4) A：りょうしんと いっしょに すんでいるんですか。

B：｛ はい、＿＿＿＿＿＿＿＿＿＿＿＿＿＿＿＿＿。

いいえ、＿＿＿＿＿＿＿＿＿＿＿＿＿＿＿＿。

(5) A：わえいじてんは もっていますか。

B：｛ はい、＿＿＿＿＿＿＿＿＿＿＿＿＿＿＿＿＿。

いいえ、＿＿＿＿＿＿＿＿＿＿＿＿＿＿＿＿。

(6) A：いま なにを しているんですか。

B：｛ ＿＿＿＿＿＿＿＿＿＿＿＿＿＿＿＿＿＿＿。

いまは なにも＿＿＿＿＿＿＿＿＿＿＿＿＿＿。

れんしゅう3　（じょし「を」、どうし「はしる」、「あるく」、「とおる」）

(1)　A：どこを　はしったんですか。

　　　B：（　　　　　　　　　　　）を　はしったんです。

(2)　（こうえん、みち、ほこうしゃ　てんごく）を　あるきましょう。

(3)　A：この　バスは（　　　　　　　　　）を　とおりますか。

　　　B：いいえ、（　　　　　　　　）は　とおりません。

經過的場所（在……裡／穿過／經過）

「～を　あるく」

「～を　はしる」

「～を　とおる」

「～を　とおる」

れんしゅう4 （「んじゃないですか」）

(1) A：あのひとは　くるんですか。

B：$\left\{\begin{array}{l}\text{さあ、くるんじゃないですか。}\\\text{さあ、こないんじゃないですか。}\end{array}\right.$

(2) A：あの　レストランは　おいしいですか。

B：$\left\{\begin{array}{l}\text{さあ、おいしいんじゃないですか。}\\\text{さあ、おいしくないんじゃないですか。}\end{array}\right.$

(3) A：あのかたは　せんせいですか。

B：$\left\{\begin{array}{l}\text{さあ、せんせいなんじゃないですか。}\\\text{さあ、せんせいじゃないんじゃないですか。}\end{array}\right.$

れんしゅう5 （くらべてください）

まだ（之前）	もう（之後）
(1) おひるは　まだ　たべていない。	もう　たべた。
(2) あめは　まだ　ふっている。	もう　ふっていない。
(3) たなかさんは　まだ　きていない。	もう　きた。
(4) ホテルは　まだ　よやくしていない。	もう　よやくした。
(5) やちんは　まだ　はらっていない。	もう　はらった。
(6) まだ　ここに　いる。	もう　いない。
(7) まだ　いたい。	もう　いたくない。
(8) まだ　ねつが　ある。	もう　ねつは　ない。
(9) まだ　ねている。	もう　おきた。
(10) まだ　へただ。	もう　じょうずだ。
(11) まだ　わからない。	もう　わかった。

しゅくだい（だい18か）

1. かっこの　なかに「もう」か「まだ」を　いれてください。

(1) A：しごとは（　　　　　）おわりましたか。

B：いいえ、（　　　　　）おわっていません。

(2) A：あのひとは（　　　　　）かえりましたか。

B：いいえ、（　　　　　）います。

(3) A：こどもは（　　　　　）ねましたか。

B：いいえ、（　　　　　）おきています。

2. れいの　ように　ひていで　こたえてください。

（れい）あのひとは　くるんですか。→さあ、こないんじゃないですか。

(1) あのかたは　ちゅうごくじんですか。

→

(2) むらたさんは　せんせいだったんですか。（むらた：日本人的姓氏）

→

(3) いとうさんは　えいがに　いったんですか。（いとう：日本人的姓氏）

→

3. つぎの　ぶんを　にほんごに　やくしてください。

(1) 老師已經來了麼？（ます）

(2) 不，他還沒來。（ます）

(3) 你還在用這個麼？（んです）

(4) 不，我已經不用了。（ます）

(5) 考試難嗎？（敬體普通型）

(6) 我不確定，但我不覺得難。（んじゃないですか）

單詞	詞性	漢字	意義
あるく	動詞	歩く	走
いしゃ	名詞	医者	醫生
いって（い）らっしゃい			請走好，慢走
いとう	専有名詞	伊藤・伊東	伊藤（人名）
（お）いしゃ（さん）→いしゃ			
こうえん	名詞	公園	公園
こまざわ	専有名詞	駒沢	駒澤（地名）
さあ	感嘆詞		表示遲疑或不能明確回答時發出的聲音
ずっと	副詞		始終，一直
ただいま			我回來了
とおる	動詞	通る	通過
はしる	動詞	走る	跑
はらう	動詞	払う	支付
ひてい	名詞	否定	否定
ほこうしゃてんごく	名詞	歩行者天国	步行者天國
むらた	専有名詞	村田	村田（人名）
もう	副詞		已經
やちん	名詞	家賃	房租
よしゅう	名詞	予習	預習
よやく	名詞	予約	預約
ラーメン	名詞		拉麵
わえいじてん	名詞	和英辞典	日英字典

だい19か　「ピンクの　セーターを　きているひとは
ひしょです。」
（穿粉紅毛衣的人是秘書。）

かいわ

ジャネット：これは　なんの　しゃしんですか。

アルバート：うちの　かいしゃの　ひとたちの
　　　　　　しゃしんです。はこねで
　　　　　　うつしたんです。

ジャネット：きれいな　ところですね。

アルバート：この　ねんぱいの　ひとは　うちの　ぶちょうです。ピンクの
　　　　　　セーターを　きているひとは　ひしょです。

ジャネット：この　チェックの　スカートを　はいている　ひとは　だれですか。

アルバート：けいりぶの　あおやまさんです。

ジャネット：このまえ　アメリカに　いった　ひとは　どのひとなんですか。

アルバート：かさを　もっている　わかい　ひとです。えいぎょうぶの
　　　　　　ひとです。

ぶん

　せんせいは　くろい　ワンピースを　きていらっしゃいます。　そして、
くろい　くつを　はいていらっしゃいます。

　ピーターさんは　あおい　シャツを　きています。そして、グレーの
ズボンを　はいています。

　スーザンさんは　しろい　ブラウスを　きています。そして、ちゃいろの
スカートを　はいています。

修飾名詞(1)

修飾 "ひと"

修飾語	修飾形式
a) めいし	(めいし)の(めいし)
b) い・けいようし	(い・けいようし)　(めいし)
c) な・けいようし	(な・けいようし)な(めいし)
d) どうし	(基本形)　(めいし)
e) ぶん(句子)	(簡體)　(めいし)

例　a) けいりぶの　ひと（財會部的人）

　　b) わかい　ひと（年輕的人）

　　c) ハンサムな　ひと（英俊的人）

　　d) かえる　ひと（回家的人）

　　e) アメリカに　いった　ひと（去美國的人）

　　　　ピンクの　セーターを　きている　ひと（穿粉紅毛衣的人）

どうし

きる、はく（穿）

　　"はく"用於鞋子、襪子以及腰部以下的衣物。其他則用"きる"。

　　例　セーターを　きる

　　　　スカートを　はく

れんしゅう1 （簡體句＋"ひと"）

(1) はこねへ　いく　ひと　　　　　　　　　去箱根的人

(2) ＿＿＿＿＿へ　いった　ひと　　　　　去美國的人［過去］

(3) ここへ　＿＿＿＿＿　ひと　　　　　　來這裡的人［過去］

(4) りょこうに　＿＿＿＿＿　ひと　　　　不去旅行的人

(5) レッスンに　＿＿＿＿＿　ひと　　　　沒來上課的人［過去］

(6) ほんを　＿＿＿＿＿　ひと　　　　　　拿著書的人

(7) あそこで　しんぶんを　＿＿＿＿＿　ひと　　　在那裡看報紙的人

れんしゅう2 （参照れんしゅう1中的説法）

(1) はこねへ　いく　ひとは　コーさんと　リーさんです/なんです。

(2) ＿＿＿＿＿へ　いった　ひとは　すずきさんです/なんです。

(3) ここへ　＿＿＿＿＿　ひとは　だれですか/なんですか。

(4) りょこうに　＿＿＿＿＿　ひとは　ふたりです/なんです。

(5) せんしゅう　レッスンに　＿＿＿＿＿　ひとは　＿＿＿＿＿　さんです／
なんです。

(6) あには　ほんを　＿＿＿＿＿　ひとです／なんです。

(7) ぶちょうは　あそこで　しんぶんを　＿＿＿＿＿　ひとです／なんです。

れんしゅう3 （「きる」、「はく」）

(1) （ようふく、シャツ、セーター、コート）を　きる／きている。

(2) （ズボン、スカート、くつ）を　はく／はいている。

れんしゅう4　（「〜を　きている　ひと」、「〜を　はいている　ひと」）

(1)　（　　　　）さんは（　　　）（　　　　）を　きている　ひとです／
　　なんです。

(2)　（　　　　）さんは（　　　）（　　　　）を　はいている　ひとです／
　　なんです。

(3)　A：（　　　　）（　　　　）を　きている　ひとは　だれですか／
　　　　なんですか。

　　B：（　　　）さんです／なんです。

(4)　A：（　　　　）（　　　　）を　はいている　ひとは　だれですか／
　　　　なんですか。

　　B：（　　　）さんです／なんです。

しゅくだい（だい19か）

1. れいの ように ぶんを つくってください。

(れい) へやで ほんを よんでいます。

→ へやで ほんを よんでいる ひとは にほんごの せんせいです。

(1) あそこで おちゃを のんでいます。

(2) さっき ここへ きました。

(3) くろい かさを もっています。

(4) ちかてつで きました。

(5) たなかさんと はなしています。

(6) でんわを かけています。

2. つぎの ぶんを にほんごに やくしてください。

(1) 在那裡看電視的人是誰？（敬體普通型）

(2) 剛剛去銀行的人是誰？（敬體普通型）

(3) 拿著雜誌的人是我弟弟。（んです）

(4) 本田是在和老師說話的那個人。（んです）

(5) 原田是昨天從大阪來的那個人。（敬體普通型）

(6) 穿白褲子的人是日本人。（敬體普通型）

3. いま なにを きていますか。かいてください。

單詞	詞性	漢字	意義
うつす	動詞	写す	抄寫，謄寫，拍攝
えいぎょう（ぶ）	名詞	営業（部）	營業部
きる（G-2）	動詞	着る	穿
グレー	名詞		灰色
けいり（ぶ）	名詞	経理（部）	財會部
コート	名詞		外套
しゃしん	名詞	写真	相片
すずき	專有名詞	鈴木	鈴木（人名）
セーター	名詞		毛線衣
〜たち	接尾詞	〜達	〜們
チェック	名詞		方格花紋
ねんぱい	名詞	年配	中年
はく	動詞		穿
はこね	專有名詞	箱根	箱根（地名）
ハンサム	な形容詞		漂亮，英俊
ひしょ	名詞	秘書	秘書
ピンク	名詞		粉紅色
（〜）ぶ	名詞	（〜）部	（〜）部
ぶちょう	名詞	部長	部長
ようふく	名詞	洋服	西裝
わかい	い形容詞	若い	年輕

219

だい20か 「がっこうへ　いく　ひは　そとで
ばんごはんを　たべる。」
（去學校的日子在外面吃晚飯。）

わたしの　まいにち

　わたしは　まいあさ　しちじはんに　おきる。あさごはんを　たべて、
しんぶんを　よんで、はちじはんに　うちを　でる。

　かいしゃは　まるのうちに　ある。うちから　かいしゃまで　ちかてつで
にじゅうごふん　かかる。

　ひるやすみには　おなじ　ぶの　ひとと　かいしゃの　ちかくで　しょくじ
を　する。

　ざんぎょうが　ないひは　しごとは　ごじに　おわる。まいしゅう　かようび
と　きんようびに　にほんご　がっこうへ　いく。がっこうへ　いく　ひは
そとで　ばんごはんを　たべる。

　よるは　たいてい　いちじかんぐらい　にほんごの
べんきょうを　して、ふろに　はいって、
じゅういちじはんごろに　ねる。

にっき

　きのうは　にちようびだった。あさ　はちじはんに　おきて、きょうかいへ
いった。てんきが　よくて、あたたかかった。

　きょうかいから　かえって、ごぜんちゅうは　そうじと　せんたくを　した。
　ごごは　ともだちの　うちへ　いって　DVDを　みた。ともだちの　うちは

くうこうの　そばで、でんしゃで　よんじゅうごふん　かかった。

　よるは　ともだちの　うちで　てんぷらを
ごちそうに　なった。

　うちへ　かえって　すこし　テレビを　みて、
じゅうじごろ　ねた。

修飾名詞(2)

修飾名詞

　簡體句用於修飾名詞。

　　例　ざんぎょうが　ない　ひ（不用加班的日子）

　　　　がっこうへ　いく　ひ（去學校的日子）

221

連接詞／句子

1. い-形容詞／助動詞的て-形

	い・形容詞	助動詞
1 否定形	[詞幹]くない	…ではない（じゃない）
2 敬體（肯定）	[詞幹]いです	…です
3 肯定形	[詞幹]い	…だ
4 假定形*	[詞幹]ければ	…なら
5 推量形*	[詞幹]かろう	…だろう
6 て-形	**[詞幹]くて**	…で

*)假定形和推量形的用法不在本冊書中介紹

　　例　い・形容詞：たかい → たかくて

　　　　（特例）　いい → よくて

　　　　助動詞：そばです→ そばで

2．動詞／い‐形容詞／助動詞的て‐形（和，然後）

例　1）あさごはんを　たべて、しんぶんを　よんで、うちを　でる。

　　　　（我吃過早飯，看了報紙，然後就出門了。）

　　2）てんきが　よくて　あたたかかった。（天氣不錯，很暖和。）

　　3）くうこうの　そばで　でんしゃで　よんじゅうごふん　かかった。

　　　　（在機場附近，所以坐電車45分鐘就到達了。）

な・けいようし

おなじ（相同）

　“おなじ”是な形容詞、但是修飾名詞的時候不用“な”

　例　おなじ　ぶ（同一個部門）（×　おなじな　ぶ）

れんしゅう 1　（「……ひ (某日)」、「……じかん (某時)、「……ところ (某地)」）

(1)　ざんぎょうを　しない　ひ　　　　不用加班的日子

　　　レッスンが　ある　ひ　　　　　　有課的日子

　　　＿＿＿＿＿＿＿＿＿＿ひ　　　　　下雨的日子

(2)　じゅぎょうが　はじまる　じかん　開始上課的時候

　　　＿＿＿＿＿＿＿＿＿＿じかん　　　下課的時候

　　　＿＿＿＿＿＿＿＿＿＿じかん　　　他來的時候

　　　＿＿＿＿＿＿＿＿＿＿じかん　　　當我遇見山田的時候

(3)　きのう　いった　ところ　　　　　昨天去的地方

　　　＿＿＿＿＿＿＿＿＿＿ところ　　　我們打網球的地方［現在］

　　　＿＿＿＿＿＿＿＿＿＿ところ　　　今天我吃午飯的地方［過去］

れんしゅう2 （参照れんしゅう1中的説法）

(1) ざんぎょうを　しない　ひには　かいものに　いきます。
　　かようびは　レッスンが　ある　ひです。

(2) じゅぎょうが　はじまる　じかんは（　　　　　　）です。
　　＿＿＿＿＿＿＿＿＿じかんは（　　　　　　）です。

(3) きのう　いった　ところは（　　　　　　）です。
　　（　　　　　　）は　＿＿＿＿＿＿＿＿＿　ところです。

れんしゅう3 （修飾名詞）

(1) わたしが　のる　でんしゃ　　　　我乗坐電梯
　　→　わたしが　のる　でんしゃは　はちじに　でます。

(2) あなたに　あげた　ほん　　　　　我給你的書
　　→＿＿＿＿＿＿＿＿＿＿＿＿＿＿＿＿＿＿＿＿。

(3) ふじさんで　うつした　しゃしん　在富士山拍照片
　　→＿＿＿＿＿＿＿＿＿＿＿＿＿＿＿＿＿＿＿＿。

(4) ともだちが　くれた　ボールペン　朋友給我的原子筆
　　→＿＿＿＿＿＿＿＿＿＿＿＿＿＿＿＿＿＿＿＿。

れんしゅう4 （用て-形連接句子）

(1) かおを　あらう。そして　はを　みがく。
　　→＿＿＿＿＿＿＿＿＿＿＿＿＿＿＿＿＿＿＿＿。

(2) としょかんへ　いく。　そして　ほんを　かりる。
　　→＿＿＿＿＿＿＿＿＿＿＿＿＿＿＿＿＿＿＿＿。

(3) あの　ひとは　あたまが　いい。そして　しんせつだ。
　　→＿＿＿＿＿＿＿＿＿＿＿＿＿＿＿＿＿＿＿＿。

223

(4) この　へやは　せまい。　そして　くらい。

→ _____。

(5) ロビーは　きれいだ。　そして　ひろい。

→ _____。

(6) ごしゅじんは　にほんじんだ。　そして　おくさんは　フランスじんだ。

→ _____。

れんしゅう5　（指引方向）

(1) A：ちょっと　すみませんけど、（　　　　）は　どこですか。

　　B：$\Big\{$まっすぐ　いって、（　　　　）を　みぎ／ひだりに　まがってく
　　　　　ださい。
　　　　まっすぐ　いって、しんごう／こうさてんを　わたってください。

(2) A：（　　　）から（　　　）まで　どうやって　いけば　いいですか。

　　B：$\Big\{$（　　　）に　のって、（　　　）で　おりてください。
　　　　（　　　）に　のって、（　　　）で　のりかえてください。

しゅくだい（だい20か）

さくぶんを　かいてください。

1.　わたしの　まいにち

2.　にっき

單詞	詞性	漢字	意義
あげる	動詞		給
あらう	動詞	洗う	洗
おくさん	名詞	奥さん	夫人，太太
おなじ	な形容詞	同じ	相同的
かお	名詞	顔	臉
かりる	動詞	借りる	借
くらい	い形容詞	暗い	暗的
くれる	動詞		給我
こうさてん	名詞	交差点	交叉口，十字路口
ご〜	接頭詞	御〜	表示鄭重的接頭詞
ごしゅじん→しゅじん			
さくぶん	名詞	作文	作文
しゅじん	名詞	主人	先生，丈夫
しんごう	名詞	信号	信號
しんせつ	な形容詞	親切	親切，好心
せまい	い形容詞	狭い	窄的
そば	名詞		旁邊
てんぷら	名詞	天ぷら	天婦羅
にっき	名詞	日記	日記
のりかえる	動詞	乗り換える	轉乘
は	名詞	歯	牙齒
ひるやすみ	名詞	昼休み	午休
ひろい	い形容詞	広い	寬敞的
ふじさん	專有名詞	富士山	富士山（地名）
ふろ	名詞	風呂	浴池，浴缸
ボールペン	名詞		原子筆
まがる	動詞	曲る	轉彎

まっすぐ	副詞		筆直，照直
まるのうち	専有名詞	丸の内	丸之内（地名）
みがく	動詞	磨く	刷
ロビー	名詞		大廳
わたる	動詞	渡る	過，渡過，越過

索　引

229

230

232

233

234

235

教師のために

　教科書「ニュー・システムによる日本語」の最大の目的は、学習者が最初に下記の6つの動詞活用形と6つの公式を覚えることにより、効率的に（最小限の時間と労力で）日本語を上達させることである。

<u>6つの活用形</u>　　　　　　<u>6つの公式</u>

ない-形　　　　　　　　ない-形＋んです

ます-形　　　　　　　　ます-形　…ます／ません

辞書形　　　　　　　　辞書形＋んです

仮定形　　　　　　　　仮定形＋いいですか

意志形　　　　　　　　意志形＋とおもいます

て-形　　　　　　　　　て-形＋ください

G-1（例：いく）

| いかないんです |
| いきます・いきません |
| いくんです |
| いけばいいですか |
| いこうとおもいます |
| いってください |

G-2（例：おきる）

| おきないんです |
| おきます・おきません |
| おきるんです |
| おきればいいですか |
| おきようとおもいます |
| おきてください |

くる

| こないんです |
| きます・きません |
| くるんです |
| くればいいですか |
| こようとおもいます |
| きてください |

する

| しないんです |
| します・しません |
| するんです |
| すればいいですか |
| しようとおもいます |
| してください |

50音表（動詞付き）[巻頭] の使い方

　その日のレッスンに入る前に、必ず50音表（動詞付き）の練習を以下のように行う。

第1週

　50音表（動詞付き）をそのまま何度も反復練習する。

　音声（音源は50音表のページに記載されたQRコード又はウェブサイト「ニュー・システムによる日本語」より）を毎日何度も聞くよう指導する。

第2週

　教師がたとえば「きく」と言い、学習者に活用ライン「かきくけこ」と言わせる。

　そして6つの形を反復練習する。

第3週

　第2週と同じことを、50音表を見ないで言わせる。

第4週以降

　第3週と同じように練習する。

　そのあとに、各動詞で次のように練習する。50音表の中にない動詞も加えていく。

　　　　きかないんです
　　　　ききます
　　　　きくんです
　　　　きけばいいですか
　　　　きこうとおもいます
　　　　きいてください

　この教科書は各課が「会話」、「文法」、「練習」という順序になっている
が、実際には「練習」→「文法」→「会話」という順序で教えると学習者には
わかりやすい。
　「かいわ1，2」の中で文化を説明できるようになっているので、各言葉の
説明を参考にして文化を教えるようにする。

だい1か

テーマ：動詞の活用（6つの形）の提示と、3つの形（ない-形、ます-形、辞書
形）の使い方

かいわ1

「教師」
　職業名である。教師を呼ぶときには「先生」と呼ぶ。

「おはようございます」
　およそ午前4時ごろから10時ごろまで使われる。

「チャンです」
　自己紹介をする場合、「（名字またはフルネーム）＋です」が一般的で自然
である。「私は」をつけると不自然になる。

「チャンさん」
　日本語には二人称の一般的な代名詞はなく、「名字＋さん」で二人称を表
すのが普通である。生徒がかなり年下なら教師は「あなた」を使っても構わな
い。「あなた」の使い方には制約があるので教える場合は、目下、年下にのみ
使うよう必ず注意すること、絶対に教師や上司に対して使ってはいけない。

「中国人」
　国籍、民族の表し方は、「（国名または民族）＋人」で、両方を言いたいと
きは、例えば「中華系シンガポール人」などとなる。

「はい」
　この場合は肯定の意。「はい」はこの他に、人から呼ばれて返事をするとき

や、人に物を渡すときにも使われる。

「そうです」
　否定したいときは「ちがいます」と言う。「そうではありません」とは普通言わないので、今は教えないほうが良い。

「さようなら」
　学校内や個人的知り合いに使う。会社や仕事上の相手には使わない。

かいわ2
「こんにちは」
　午前10時ごろから暗くなるまで使われる。ただし職場の中では使わない。

「いいえ」
　このほか、「いえ」、「いや」などとも言うことがある。

「それじゃ、また」
　このあとに「さようなら」や「失礼します」をつけて使われることも多い。

「失礼します」
　会社内や仕事上で最もよく使われる。個人的知り合いにも使え、一番便利な表現である。また、他人の部屋に入るときや立ち去るときにも使われる。

文法
構文
　日本語の文は述語と必要な言葉からなる。「日本人です」、「きれいですね」、「買った」などと述語だけでも文になる。必要な言葉は、補語または連用修飾語として述語の前に置く。ちなみに動詞文は下記のようになっている。

時、場所、主語、目的語、方法、 その他さまざまな要素	+ 動詞

動詞

　本テキストでは、五段活用の動詞をG-1、上一段および下一段動詞をG-2、カ変とサ変を不規則動詞として分類してある。

　第1課の指導目的の一つは、G-1動詞の「行く」と例外動詞の「来る」について6つの活用形のパターンを覚えさせることである。特に「行く」の活用はもっとも重要である。「て-形」以外はすべてのG-1動詞に共通に使えるルールだからである。「行く」の活用は暗記させる。

　G-1動詞には必ず活用ラインというものがあり、それは「50音表」の「か行」から「ば行」までのどれかである。「行く」の活用ラインは「か行」（かきくけこ）である。このように、G-1動詞の活用と、50音表は密接な関係があり、50音表の練習はG-1動詞の活用を理解するうえで非常に重要である。

　第1課の指導目的のもう一つは、上記の6つの活用形のうち、「ない-形」、「ます-形」、「辞書形」の3つの使い方を理解させることである。これは、3つの公式として示す。

　（1）ない-形 ＋んです

　（2）ます-形　…ます／ません

　（3）辞書形＋んです

　日本語には文末の述語の形により丁寧体と普通体の2つの表現があり、動詞の場合、丁寧体の文は「ます-形（……ます／ません）」を用い、普通体の文は、「辞書形」（肯定）および「ない-形」（否定）を用いる。又、この普通体の形のあとに「んです」を付け加えると、丁寧体の文になる。この「んです」で終わる丁寧体の文を「んです-型」と呼び、「ます-形」で終わる丁寧体の文を「ます-型」と呼ぶことにする。

		ます-型	普通体	んです-型
いく	肯定	いきます	いく	いくんです
	否定	いきません	いかない	いかないんです
くる	肯定	きます	くる	くるんです
	否定	きません	こない	こないんです

　日本人が「です・ます形」で話をするときには「ます-型」と「んです-型」の両方を使うので、学習者には始めから二つのパターンを並行して教えるべきで、どちらか一方だけを強調するべきではない。このように指導しておくと、後々の学習が大変楽になる。

「行く」と「来る」の使い分け（欧米系、英語を母語とする学習者への注意として）
　次の2つの場合は「来る」を使う。
１．話し手が現在地（自分の家以外）へ戻ってくる場合。（自分の家へ戻る場合は「帰る」を使う。
　（例）またあとで来る。
　　　　あしたも学校へ来る。
２．話し手以外が、話し手の現在地または話し手の家へ来る場合。
　（例）○○さんが来る。
この2つの場合以外は「行く」を使う。練習（5）参照。

コプラ「です」
第1課では丁寧体のみ扱う。

助詞
「は」（副助詞）

このテキストでは、「は」の概念は一つ（トピックマーカー）だが、使い方を便宜上次の二つに分けてある。

１．トピックの「は」

　文中の主語、目的語、副詞など、ある言葉にスポット・ライトをあてて、それについて言及、説明したり、質問したりするときに使う。要するに、ある言葉について言いたいこと、知りたいことがあるときに、その言葉に「は」を付けるわけである。

（例１）お名前は。（この場合、相手の名前を知りたいわけである。従って、決して「お名前が」とは聞かない。なお、主語のマーカー「が」は、だい４かで扱う。）

（例２）チャンさんは中国人ですか。（この場合、チャンさんが中国人か否かを聞きたいのである。もし「チャンさんが中国人ですか」と言ったら、どの人が中国人かが問題となっているわけで、質問の意味が全く違う。）

２．否定の「は」

　質問に対し、否定で答えるとき、否定したい言葉に使う。

（例）　今日会社へ行くんですか。

> いいえ、今日は行きません。
> いいえ、会社へは行きません。
> いいえ、私は行きません。

「へ」（格助詞）

　移動の方向を表す。

（例）会社へ、日本へ

「に」（格助詞）

　目的を表す。「へ」と同様、移動の方向等も表す。

「か」（終助詞）

　文の構成を変えずに文末に付け、発音するときイントネーションを上げれば
疑問文なる。また、相手の言ったことを確認するときには、イントネーション
を下げて使う。

だい2か

テーマ：動詞の6つの活用形のうち、残りの3つの形（仮定形, 意志形, て-形）
　　　　の使い方

かいわ1

「こんばんは」
　暗くなってから使われる。

「お元気ですか」
　普通は久しぶりにあった人に言う。頻繁に会う人には使わない。

「おかげさまで」
　健康その他、自分について聞かれている事柄が良好であるときに使う。「ありがとうございます」でもよい。両方言えばよりていねいになる。

かいわ2

「どこか」
　「どこ」と混同しないように注意する。

「ええ」
　「はい」よりよく使われる。

「わたし」
　男性はあらたまった時以外は「ぼく」を使う。

「わかりました」
　相手の言ったことを了承したときに使う。

　また、ものごとを理解したときにも使う。これは過去形だが、まだ続きがあるときは現在形「わかります」や「わかりますか」を使う。

文法

動詞

　第1課では6つの活用形のうち、ない-形、ます-形、辞書形の使い方を説明したが、だい２かの指導目的は、残りの３つの活用形、仮定形、意志形、て-形の使い方を理解させることである。これを次の3つの公式として覚えさせる。

　　(4) 仮定形＋いいですか

　　(5) 意志形＋とおもいます

　　(6) て-形＋ください

助詞

「に」（格助詞）

　行為、事柄が行われる時を示す。但し「今」、「今日」、「今週」のように刻々変わる概念は、英語と同様それ自体副詞になるので、「に」は使わない。

「の」（格助詞）

　名詞に「の」を付けることにより、他の名詞を修飾することができる。

　（名詞１）＋ の　　　　（名詞２）

　「（名詞）＋の」に限らず、日本語ではすべての修飾語は修飾される言葉の前に置かれる。

だい３か

テーマ：G-2動詞「おきる」とExceptionの「する」の活用

かいわ１

「はい」（7行目）

　　この場合は、"all right"の意。

かいわ２

「そうですか」

　　文末の「か」のイントネーションを下げて、"I see"の意。

文法

動詞

　　G-2動詞は活用ラインがなく、各活用形は語幹（語幹）に「ない」、「ます」、「る」、「れば」、「よう」、「て」を付ければよい。

おき	ない
おき	ます
おき	る
おき	れば
おき	よう
おき	て

「する動詞」

　　「勉強」、「仕事」など、ある種の名詞は「（を）する」を付ければ動詞になる。この教科書では、本来のサ変動詞だけでなく、「（名詞）＋（を）する」の形のものを全て「する動詞」と呼ぶことにする。従って、「テニス」、

「ジョギング」などのスポーツや、ゲームはほとんど「する動詞」になる。

　「おきる」と「する」について、6つの公式を確認する。
　（1）ない-形＋んです
　（2）ます-形　…ます／ません
　（3）辞書形＋んです
　（4）仮定形＋いいですか
　（5）意志形＋とおもいます
　（6）て-形＋ください

助詞
「は」（副助詞）
　第1課で、「は」には「トピック」の用法と「否定」の用法があることを説明し、「否定の『は』」は練習済みである。この課では今一度「トピックの『は』」を取りあげる。

　第1課でも説明したように、ある言葉について言及、説明したり、質問したいときに、その言葉に「は」を付けるわけだが、その際その言葉は文の初めに置く。そして、その言葉に「へ」や「に」などの格助詞が付いていたら、「否定の『は』」と同様に「は」を並べて「へは」、「には」などとすればよい。（但し、「が」と「を」は、「は」を使うことにより、落ちてしまう。）また、文中に「否定の『は』」があってもよい。

「も」（副助詞）
　"Too", "also"の意で、「は」と同様、格助詞と並べて使える。「がも」→「も」、「をも」→「も」、となるのも同様である。

「を」（格助詞）
　他動詞の目的語を示す。先にも触れたように、「は」または「も」を並べる

と、落ちてしまう。

接続詞
「でも」
"But"の意。似た表現に「だけど」、「ですけど」、改まった表現に「しかし」がある。

その他
「どうして」、「…からです」
「どうして」を使った疑問文は必ず「んです-型」となり、「ます-型」は使われない。答えには「……からです」、又は「んです-型」が使われる。「……からです」のほうが理論的になるため、使わないほうがいい場合もある。例えば、遅刻した理由を聞かれたときなど、「バスが来なかったからです」、「道が混んでいたからです」などと答えると、遅刻したことを正当化しているように聞こえる。

だい4か

テーマ：G-1動詞のて-形の作り方（1）

かいわ1

「どうもすみません」

　この場合は感謝の意味だが、謝るときにも使える。また、「ちょっとすみません」というと呼びかけになる。なお、ふつう会話では「すいません」と発音される。

かいわ2

「ちがいます」

「そうです」の反対。

　尚、「そうです」、「違います」は、「（名詞）＋ですか」、「……んですか」の問いに答えるときに使えるが、「暑いですか」、「静かですか」、「明日来ますか」などのように「（形容詞）＋ですか」や「……ますか」の質問に答えるときには使えない。

「よかった」

　過去形だが、現在の気持ちを表す。

文法

動詞

　G-1動詞のて-形の型は、その動詞の活用ラインにより決まっている。第4課では活用ラインが「か行」と「が行」と「さ行」の動詞のて-形の型を学習する。

　活用ラインが「か行」ならば「いて」の型、

　活用ラインが「が行」ならば「いで」の型、

活用ラインが「さ行」ならば「して」の型

となる。唯一の例外は「いく」のて-形で、これは、活用ラインが「か行」にも

拘らず「いて」型にならず、「いって」となる。

　　なお、ここまでで3週間以上、50音表で動詞の活用を練習しているので、上

記3つのルールはほぼ自動的にクリアできるはずである。

文型

　　（7）　ない-形＋でください

　「て-形＋ください」の否定として使う。肯定の「て-形＋ください」と共

に、巻頭の50音表を用いていろいろな動詞で練習をするとよい。

ここまでに学んだ7つの公式を整理しておく。

　（1）　ない-形＋んです　　　　　　　　　　（7）　ない-形＋でください

　（2）　ます-形　…ます／ません

　（3）　辞書形＋んです

　（4）　仮定形＋いいですか

　（5）　意志形＋とおもいます

　（6）　て-形＋ください

助詞

「が」（格助詞）

　　主語を示す。「を」と同様「が」も、「は」及び「も」と並べて使えず、落

ちてしまう。（つまり、「がは」→「は」、「がも」→「も」）

「で」（格助詞）

　　行為や物事が行われる場所を示す。

「よ」（終助詞）

　強調したいときに文末に使い、イントネーションを上げる。

「から」（格助詞）
　時間的にも空間的にも使える。

「と」（並列助詞。だい5かの格助詞「と」とは異なる。）
　名詞、又は代名詞にのみ使われ、動詞、形容詞、副詞、文などには使えない。

「ね」（終助詞）
　相手の同意・肯定を期待する疑問文に使う。イントネーションは上げる。

　第4課までに、多くの助詞が出てきたので、まとめとして巻頭の表「助詞について」を説明する。縦に並んでいる「へ」、「に」、「が」などの格助詞と、上の欄の副助詞「は」と「も」は全く種類の異なる助詞なので混乱しないように指導すること。

　また、助詞の練習をするときには、なるべく短い文、助詞を一つだけ使うような短い文で何度も練習するのがよい。例えば、
　「どこへいくんですか。」
　「だれがいくんですか。」
　「にちようびにいくんですか。」
　「どこでするんですか。」
　のような練習を積み重ねることが大切で、「あしたくじにどこへいくんですか」などというような長い文を質問したり訳させたりするのは、学習者の頭ばかり使わせることになるので、できるだけ避ける。

その他
「こそあど」
　教科書の図に示すように、「こ」、「そ」、「あ」の違いは、話し手中心に

とらえる。例えば、場所について言えば、話し手に近ければ「ここ」、近くなければ「そこ」、話し手からも聞き手からも遠ければ「あそこ」を使う。物には「これ」、「それ」、「あれ」を使う。

　「ここ」、「そこ」、「あそこ」の違いや、「これ」、「それ」、「あれ」の区別は難しいものではない。重要なのは、「これ・それ・あれ・どれ」と「この・その・あの・どの」の使い分けである。「この本→これ」、「そのめがね→それ」などと練習するとよい。また、一歩進んで次のような練習をしてもよい。

　「そのカードはなんですか。」「これはテレホン・カードです。」

　「その雑誌はなんですか。」「これはニュートンです。」

　尚、ここで示した「こ」、「そ」、「あ」の違いは、場所や目に見える物を指すときについての法則であり、物事や事柄を指す場合は若干異なる。

だい５か

テーマ：G-1動詞のて-形の作り方（２）

かいわ１
「テニスをやるんです」

　「やる」は「する」とほぼ同じ意味だが、会話では「やる」のほうがよく使われる。但し、本来のサ変動詞や、ある種の「する動詞」には「やる」は使えない。（例：「電話をする」、「散歩をする」など）

かいわ２
「すみません」

　この場合は呼びかけとして使われている。

「どうしましたか」

　過去形だが、相手の具合や様子などがおかしいとき、このようにたずねる。

文法
動詞

　第4課では、G-1動詞のうち、活用ラインが「か行」と「が行」と「さ行」の動詞のて-形について学習したが、第5課では、「わ行、た行、ら行」と「な行、ば行、ま行」の動詞について学習する。

　これらの動詞のて-形の型は、前者が「って」の型、後者が「んで」の型になり、例外はない。尚、活用ラインが「ら行」の変形としての「らいるれろ」の動詞（「おっしゃる」など）も、て-形は「ら行」と同様「って」の型である。

　これですべてのG-1動詞について、6つの活用形を全て学習したことになる。まとめとしてテキスト巻頭の「動詞はやわかり表（動詞速記表）」を説明する。

文型

（8）ます-形 の語幹＋ましょう

　丁寧体の意志形と呼ばれるものである。親しい間柄、特に男性は 普通体の意志形 （ふつう単に意志形 という）を単独で用いることもできる。

　ここまでに学んだ8つの公式を整理しておく。板書の際は、（1）と（7）は同じ行に、（2）と（8）は同じ行に書くこと。

　（1）ない-形＋んです　　　　　（7）ない-形＋でください

　（2）ます-形　…ます／ません　（8）……ましょう

　（3）辞書形＋んです

　（4）仮定形＋いいですか

　（5）意志形＋とおもいます

　（6）て-形＋ください

256

「（名詞・代名詞）＋をください」

　物を要求、依頼する表現。買い物のときによく使われるので、覚えさせる。尚、数量を言いたいときは数詞を副詞扱いにして「……を（数詞）ください」と言えばよい。「（動詞のて-形）＋ください」は、行為を要求、依頼したりする表現。

助詞

「まで」（格助詞）

　時間的にも空間的にも使える。

「で」（格助詞）

　手段、方法を示す。

「と」（格助詞）

　「……と一緒に」の意。

だい6か

テーマ：いろいろなG-2動詞

かいわ2

「ごめんなさい」

　親しい間柄や目下、年下の人にのみ使われる。目上の人や改まったところでは「すみません・すいません」を使うこと。

文法

動詞

　第3課でG-2動詞の「おきる」を学習したが、第6課では新しい3つの動詞「ねる」、「たべる」、「みる」を学習する。活用の型は全て「おきる」と同様でG-2動詞の中に例外はない。なお、動詞全体においてG-2動詞の数は少なく、本書Vol.1ではここまでに4つ、そして第7課の「いる」を含めて5つしかないので覚えさせる。

257

　将来、いろいろな動詞が出てきたとき、G-1であるかG-2であるかを見分ける方法はいくつかあるが、この段階では触れなくてよい。参考までに少し紹介すると（「くる」、「する」は省く）、

1) ない-形から見分ける方法
　　A. 「ない」の直前の音節が「-a」ならばG-1
　　B. それ以外はG-2
2) ます-形から見分ける方法
　　「ます」の直前の音節は「-i」か「-e」である。
　　A. 「-i」の場合は不明。ただし、一音節ならG-2
　　B. 「-e」の場合はG-2
3) 辞書形から見分ける方法
　　A. 「る」以外で終わる場合G-1

B. 「る」で終わる場合

    1. 「る」の直前が「-a」、「-u」、「-o」の場合はG-1

    2. 「る」の直前が「-i」、「-e」の場合は不明

4) 仮定形から見分ける方法

    A. 「……れば」以外の場合はG-1

    B. 「……れば」の場合は不明

5) 意志形から見分ける方法

    A. 「……よう」以外の場合はG-1

    B. 「……よう」の場合はG-2

6) て-形から見分ける方法

    A. 「……いて」「……いで」「……って」「……んで」ならばG-1

    B. 「……して」の場合は不明

    C. それ以外の場合はG-2

258

文型

    (9) ます-形の語幹＋ませんか

  意志動詞では、人を誘ったり、何かを勧めるときに用いる。

  ここまでに学んだ9つの公式を整理しておく。

    (1) ない-形＋んです   (7) ない-形＋でください

    (2) ます-形　…ます／ません   (8) ……ましょう　(9) ……ませんか

    (3) 辞書形＋んです

    (4) 仮定形＋いいですか

    (5) 意志形＋とおもいます

    (6) て-形＋ください

助詞

「か」（終助詞）

　イントネーションを下げると、相手の言ったことを確認する意味になる。

接続詞

「それから」

　因みに、前の文ではなく名詞を受ける場合は、「それから」ではなく「（名詞）のあと」となる。（例：「食事のあと」）

「そして」

　主に文に用いる。だい4かで学習した「と」は名詞と代名詞にしか使えない。

その他

「や」（格助詞）

　「AとB」と言うとA、Bに限られるのに対し、「AやB」と言うと、A、B以外のものもあることを示す。

「ごろ」、「ぐらい」

　「ごろ」は時を示すことばにのみ使われる。（例：「1時ごろ」、「1月ごろ」、「春ごろ」、「来週の日曜日ごろ」）それ以外の言葉には「ぐらい」を用いる。（例：「12時間ぐらい」、「1000円ぐらい」、「100メートルぐらい」、「5キロぐらい」）

だい7か

テーマ：可能動詞（動詞の可能形）の作り方

<u>かいわ1</u>

「ごめんください」
　他人の家、会社などを訪問するとき、相手が見ないときに使う。

「どなたですか」
　「どなた」は「だれ」より丁寧。相手に向かって「だれ」を使ってはいけない。

「おはいりください」
　「お＋ます-形の語幹＋ください」は「て-形＋ください」より丁寧。全ての動詞に適用できる公式ではないが、「おまちください」や「おかけください」は日常よく使われる。」

<u>かいわ2</u>

「ごもくずしってなんですか」
　「……ってなんですか」は、知らない言葉について質問するときによく使われる。

「おすし」
　女性は「すし」、「さしみ」とは言わず、「おすし」、「おさしみ」と言う。男性はどちらを使ってもよい。

<u>文法</u>

可能動詞

　動詞の派生形の一つ。動詞の活用形の一つとみなし、可能形と呼ぶ場合もあるが、他の活用形と違い、それ自身新たな動詞となり、活用変化をする。可能動詞にはこれまでに学習した６つの活用形があるが、このテキストでは当面、ない-形、ます-形、辞書形だけを扱う。ここでは触れなくてよいが、可能動詞は意志動詞ではないので、意志形は意志を表さず、推量を表す。

「きこえる」、「みえる」
　「きく」、「みる」の可能形は文法的には「きける」、「みられる」だが、「きこえる」、「みえる」についても触れておく。
　例えば、電話で「きこえますか」と言ったり、黒板を指して「みえますか」と言ったりするように、「きこえる」は音や声が大きいから耳に入る、また、「みえる」は対象が大きいからまたは近いから目に入るというような場合にのみ使われる。それ以外の場合は「きける」、「みられる」が使われる。よく他の教科書や文法書には「聞きたい」とか「見たい」などの意思がある場合には「きける」、「みられる」を用い、意志がなく自然に耳や目に入る場合には「きこえる」、「みえる」を用いるなどと言うようなことが書かれているが、このような説明は正しくない。電話口では相手の声をはっきり聴きたいという意思があるが、「きけますか」とは言えないのである。

261

助詞
「が」（格助詞）
　他動詞の可能形には、目的語に「を」を使わず、「が」を使う。（もっとも、「を」が使われる場合もあるが、この段階では触れない。）

コプラ
「じゃありません・ではありません」
　「です」の否定形。「じゃない（ん）です・ではない（ん）です」の形もあるが、詳しくは、だい９かで学習する。

接続詞

「だから」、「ですから」

　「ですから」のほうが丁寧。

副詞

「すこし」

　被修飾語である用言の直前に置くのが自然である。

「ぜんぜん」

　否定文にのみ使われる。（最近は必ずしもそうではないが。）

だい8か

テーマ：動詞「いる」と「ある」

かいわ1

「もしもし」
　電話でのみ使われる。

「にほんぼうえきさん」
　「さん」は他人の名前だけでなく、相手の所属する組織等にも使う。

「チャンともうしますが」
　「……ともうします」は自己紹介に用いられ、「……です」より丁寧。

「おでんわばんごう」
　「お」は相手に対する尊敬を表す。

「７３７の３６０１」
　局番や地域番号の後に「の」を入れることが多い。

文法

動詞

「いる」と「ある」
　存在、所有を表すには、その対象または意味により、動詞「いる」または
「ある」を使う。

１）存在
　　植物以外の生物、および人の乗った乗り物には「いる」を用い、それ意外
　　には「ある」を用いる。

人間・動物 ⎫
乗り物* ⎬ → いる
植物・無生物 ⎭ → ある

（*乗物は人が乗っているかいないかによる。）

2）所有

人間・動物　　　　　→いる

植物・無生物　　　　→ある

但し、家族の場合は「ある」を使うこともある。（例：「私には子供がある」）

「いる」、「いらっしゃる」、「おる」

目上の人と話すときや、改まった場合には、「いらっしゃる」や「おる」を次のように使う。

1）「いらっしゃる」（尊敬語）

聞き手およびその家族、関係者また先生など目上の者が主語になるときに使う。

2）「おる」（謙譲語）

話し手及びその家族などが主語になるときに使う。

謙譲語「おる」は使わなくても失礼にはならないが、尊敬語「いらっしゃる」は、できるだけ使ったほうがよい。

「ある」

G-1動詞だが、ない-形が例外で、「ない」となる。尚、「ある」は無意志動詞なので、意志形は意志ではなく推量を表し、可能形は存在しない。このようなことはここでは触れなくて良いが、教師としては知っておくべきである。

助詞

「に」（格助詞）

「ある」、「いる」などのように存在や状態を表す動詞には場所を示すのに「で」ではなく「に」を使う。「ある」、「いる」のほかにもだい9かで学習する「住む」などがある。

形容詞

このテキストでは本来の形容詞を「い-形容詞」、形容動詞を「な-形容詞」と呼ぶ。

この課では、い-形容詞「おおきい」、「ちいさい」のみ導入する。日本語では、形容詞に限らず修飾語は全て被修飾語の前に置かれる。述語としての用法は、だい9か、だい10かで学習する。

文型

「なにも・だれも＋否定形」

「なにも」、「だれも」が主語または目的語として、否定文に使われると、「全然……ない」の意味になる。このような否定文中の「も」の用法は、主語や目的語以外にもある（「だれにも」、「どこへも」、「いつも」等）が、全ての疑問詞に同じように適用できるわけではないので、公式として一般化しないほうが良い。

だい９か

テーマ：コプラ「だ・です」の活用と形容詞による名詞の修飾

かいわ１

「ごちそうさまでした」

　食事の終わったときに言う言葉だが、ごちそうする立場の人は言わない。食べ始めるときに言う「いただきます」も同様。尚、親しい間柄では「ごちそうさま」でもよい。文法的には「でした」は「です」の過去形で、食事が終わった（完了した）から過去形を使う。

「ありがとうございました」

　これも過去形で、物事・行為が終わった場合に用いる。

　第4課でも「こ・そ・あ・ど」については触れたが、この会話では、スミス氏と板前とすしのネタの位置関係を図で示し、「これ・この」と「それ・その」の違いを説明する。

かいわ２

「そのひと」

　話し手と聞き手の両方が知っている人には使われない。その場合「あのひと」と言う。

文法

コプラ

　名詞及び、な-形容詞に付き、述語になる。この課では、「名詞＋コプラ」のみ学習する。

　動詞と同じくコプラにも丁寧体と普通体がある。

266

丁寧体 ｛ 普通型
　　　　んです-型
　普通体

　肯定の「……です」（普通型）と「……（だ）なんです」（んです-型）が
しっかり言えるように両方をよく練習する。特に「……なんですか」と「何で
すか」が混同しないように気を付ける。
　否定形は「……では（じゃ）ありません」、「……では（じゃ）ないで
す」、「……では（じゃ）ないんです」の３通りがあるが、「……じゃありま
せん」は改まった言い方であまり使われない。

動詞

　日本語ではある状態を言い表す場合、動詞は「て-形＋いる・いない」の形を
使う。従って、「知る」、「住む」などは「知っている」、「住んでいる」な
どと言わなければならない。但し、「知っている」の否定形は、て-形を使わず
「知らない」となる。
　尚、「て-形＋いる・いない」については、だい１７かで改めて学習するの
で、詳しく触れなくてよい。この課では「しっている」と「すんでいる」を覚
えさせる。

助詞

「に」（格助詞）

　だい８かで学習した「ある」、「いる」の他に「すむ」も場所を表す助詞に
「に」を使う。場所に「に」を使う動詞は、ここまでで「ある」、「いる・い
らっしゃる・おる」、「すむ」だけなので覚えさせる。

「しか」（副助詞）

　必ず否定形と共に使われる。

形容詞

　第8課で学習した、い-形容詞は、名詞を修飾するときその名詞の前にそのまま置けばよいが、な-形容詞は、名詞を修飾するとき「な」を付ける。

　尚、「い」以外で終わる形容詞、および外来語の形容詞（シンプル、ハンサム、ナンセンスなど）は全て な-形容詞である。また、「い」で終わる形容詞はほとんどが い-形容詞だが、「きれい」、「きらい」、「ゆうめい」などは な-形容詞である。（もっとも「きれい」、「ゆうめい」などは、発音上は「キレエ」、「ユウメエ」というように「エ」で終わっている。）

代名詞

　目下でかつ年下の人、又は親しい友達を指す人称代名詞に「あなた」、「かれ」、「かのじょ」があるが、あまり使われない。又、これらの言葉には次のような特殊な意味、用法があり、これは日常的によく使われる。

　　「あなた」：妻が夫を呼ぶとき（最近は少なくなってきたようである。）

　　「かれ」、「かのじょ」：ボーイフレンド、ガールフレンド、恋人の意。

　日本人はあまり人称代名詞を使わず、「名字＋さん」を使う。又、話し手または聞き手がよく知らない人を指すには「そのひと・そのかた」、話し手も聞き手も知っている人を指すのには「あのひと・あのかた」が使われる。

その他

「の」

　名詞、代名詞、形容詞、動詞、節等の後に付けて用い、「（の）モノ」の意。単独では使えない。この課では、「赤いの」のように、「形容詞＋の」というケースだけをとりあげる。

文型

「……しか＋否定形」

　頻繁に使われる、重要表現。

だい10か

テーマ：述語としての形容詞の用法

かいわ2

「もうすぐ」

　だい3かの「すぐ」との違いに注意する。

文法

形容詞

1 ）い-形容詞も動詞やコプラと同様、述語として使われる場合には丁寧体と普
　　通体がある。

丁寧体 {　　普通型
　　　　　　んです-型

　普通体

　　い-形容詞の「い」をとったものを語幹と言い、語尾「い」は変化す
　る。否定形は「語幹＋くない」で、否定の「は」を入れると「語幹＋くは
　ない」となる。

　　「いい」だけは例外で、現在肯定形のみ語幹が「い」で、それ以外は語
　幹は「よ」である。（例：よくない、よかった、よさそう）但し、書き言
　葉では「いい」を「よい」と書く場合が多く、「よい」を基本とすれば、
　これは規則通りとなり、話し言葉の「いい」だけが例外となるわけであ
　る。いずれにせよ話し言葉の「いい」と「よくない」は使用頻度が高く、
　非常に重要である。

2 ）な-形容詞は名詞と同様、述語にする場合、コプラ「だ・です」を使うの
　　で、活用表は第9課のものと全く同じである。

その他

「とても」、「すごく」、「あまり……ない」

　「とても」、「すごく」は肯定文に使われる。（否定文にも使われるが、ここでは触れない。）あらたまった表現に「大変」がある。「すごく」が最も一般的である。

　否定文には「あまり」を使う。

だい11か

テーマ：動詞の過去形（肯定）

<u>かいわ1</u>
「びょういん」
　発音上「病院」との違いに注意させること。

<u>かいわ2</u>
「いらっしゃったんですか」
　「いらっしゃる」は、だい8かで「いる」の尊敬語として学んだが、「いく」と「くる」の尊敬語でもある。ここでは、「くる」の尊敬語として使われている。

「にほんのふゆ」
　東京あたりでは12月から2月が冬。

「もっと」
　「もっと」は、今話題にしている事柄と数量、程度を比較するときに用いられる。改まった表現、書き言葉としては「さらに」等が使われる。

<u>文法</u>
動詞
　この課では、過去・肯定形を学習する。動詞活用表の6つの活用形のうち、1から3までの活用形にはテンスがあり、今後は現在・未来形を左側に、過去形を右側に書くことにする。4から6まではテンスはない。
　過去・肯定形は次のようになる。
　　　　丁寧体（ます-型）：「ます」を「ました」に変える
　　　　普通体：「た-形」を使う
　　「た-形」の作り方は「て-形」と全く同じである。（「て-形」の「て」を

「た」に、「で」を「だ」に変えればよい。）従って、「ます-形」と「て-形」を理解していれば、過去形は容易である。

　だい8かでは「いる」の尊敬語と謙譲語である「いらっしゃる」と「おる」を学んだが、この課では「いく・くる」の尊敬語と謙譲語である「いらっしゃる」と「まいる」を学習する。目上の人やあまり親しくない人と話をするときや改まった場合には「いく・くる」のかわりに「いらっしゃる」、「まいる」を使う。使い分けは「いらっしゃる」と「おる」の場合と全く同じである。尚、謙譲語「まいる」は使わなくても失礼にはならないが、「いらっしゃる」はなるべく使うようにすること。

「でる」、「たつ」
　「たつ」は主に旅行等の場合で、都市や国について用いる。

助詞
「を」（格助詞）
　離れていく対象や、出ていく起点（場所その他）に用いる。これを使う動詞には、「でる」、「たつ」の他に「降りる」、「卒業する」、「退職する」等がある。いずれも自動詞である。

数詞と助数詞1

　日本語のものの数え方の複雑さは、何を数えるかによって異なる言葉「本」や「枚」等を数の後に付けることだと言われているが、このようなことは英語、中国語、その他の言語にもあることなので、案外容易に理解できるはずである。むしろ問題は、「本」が「ほん」になったり「ぼん」になったりするなど、数によって発音が変わることなのである。本書では発音のルールをきちんと理解させるために、同じルールをもつものを同じ課でとり上げてある。第11課では「さしすせそ」のどれかで始まるもの「冊」、「歳」、「週間」、「センチ」をとり上げ、1と8と10の場合その言葉の直前が促音になることを学習する。

だい12か

テーマ：動詞の過去形（否定）

かいわ１

「おのみもの」、「おもちかえり」

　「おさしみ」、「お酒」等の「お」は単なる丁寧の「お」であるが、「お飲物」や「お持ち帰り」のように、動詞からできたことばに「お」がつくと、尊敬や謙譲の意味になることがある。この場合は尊敬で、店員は客に対してこのような言葉を使わなければならない。これらは他人の行動について用いることばであり、自分自身については使えない。

かいわ２

「だいじょうぶ」

　このことばは、心配したり、心配されたりしているときにのみ用いる。それ以外では「いいです・けっこうです・よろしいです（か）」が使われる。

「もう」

　あるべき変化、予想した変化の後を表している。

　（例）もう熱はない：熱があった→熱がなくなった

　　　　もう大丈夫：風邪をひいていた→治った

文法

動詞

　この課では過去・否定形を学習する。現在・否定形から次のように変える。

　　丁寧体（ます-型）：「ません」を「ませんでした」に変える。

　　普通体：「ない」を「なかった」に変える。

　「なかった-形」の作り方は、「ない-形」と全く同じである。従ってだい11

かでもみてきたように、過去形は本書の初めに学んだ各活用形を理解していれば容易にマスターできるはずである。

　ここまでで、動詞に関しては、現在、過去、肯定、否定、丁寧体、普通体の全てを学んだわけである。その中で、丁寧体の「ます-形」が主に文末でのみ使われるのに対し、普通体の各活用形は文中でもいろいろな用法があり、「ます-形」に比べて使用頻度も高く、重要なので、この段階でしっかり覚えさせる。それには会話の練習をするときできるだけ「んです-型」で行うのが望ましい。

「のどがかわいた」、「おなかがすいた」

　これらは過去形だが、現在の状態を表している。「のどがかわく」、「おなかがすく」というと、習慣または未来のことになってしまう。（例：「毎日12時ごろおなかがすきます」、「今これを食べると後でのどがかわきます」）また、否定形は「て-形＋いない」となる。

助詞
「に」（格助詞）

　近づいたり向かっていく対象（場所、物、人など）に用いる。これを使う動詞には「入る」、「着く」、「書く」、「乗る」、「会う」、「入学する」などがある。

その他
「はやく」

　「はやい→はやく」のように、い形容詞は語尾の「い」を「く」に変えると副詞になる。

だい１３か

テーマ：コプラ「だ・です」の過去形（肯定）

かいわ

「おまちどおさまでした」

　主にレストランなどで、料理を運んできたときに使う。その他の場合は普通「おまたせしました」を使う。

「いくらでしたか」

　値段や料金をたずねるときは「いくらですか」と現在形を使うが、この場合はすでに支払ったものについて聞いているので、「いくらでしたか」と過去形を使っている。日本では、他人の個人的持ち物の値段を聞いてはいけない。

文法

コプラ

　肯定の「……でした」（普通型）と「……だったんです」（んです-型）がしっかり言えるように両方をよく練習する。

　だい９かで現在形を導入した際には触れなかったが、コプラにも仮定形、推量形、て-形がある。本書ではその中でて-形のみ第20課で扱う。

な-形容詞

　「すき」と「きらい」は、な-形容詞であり名詞を修飾するが、述語に使われて対象語を伴う場合は、他動詞のようなイメージである。

助詞

「が」（格助詞）

　「すき」、「きらい」の対象語には「が」を用いるが、その文に主語のマー

カー「が」がある場合は、対象語に「を」を使うことが多い。

数詞と助数詞2

　「はひふへほ」のどれかで始まる助数詞「本」、「匹」、「杯」は、1、6、8、10の場合、その言葉の直前が促音になるとともに、「はひふへほ」が「ぱぴぷぺぽ」になる。さらに3と疑問詞「何…」のときは、「ばびぶべぼ」になる。ただし、本書では扱わないが「泊」、「拍」、「班」などのような例外もある。

だい14か

テーマ：コプラ「だ・です」の過去形（否定）

かいわ2

「じょうず」

「上手」は自分や身内のことについては使わない。

文法

コプラ

否定の「……では（じゃ）なかったです」（普通型）と「……では（じゃ）なかったんです」（んです-型）がしっかり言えるように両方をよく練習する。

否定形には改まった言い方「……では（じゃ）ありませんでした」もあるが、あまり使われない。

な-形容詞

「上手」、「下手」はスキルにのみ用いられる。「上手」は褒め言葉として他人にのみ使われる。「下手」はこの学習段階では謙遜するときだけに用いたほうが良い。

「得意」、「苦手」はスキルに限らず何にでも使える。

これらが述語になるときは、「（名詞・名詞句）が上手・下手・得意・苦手だ」のように「が」を用いる。

だい15か

テーマ：い-形容詞の過去形（肯定）

かいわ2

　この内容は1980年代のシンガポールの話である。各国の事情を取り上げるのもおもしろい。

文法

い-形容詞

　肯定の「語幹+かったです」（普通型）と「語幹+かったんです」（んです-型）がしっかり言えるように両方をよく練習する。「いい」は例外で「よかったです」、「よかったんです」となる。

　だい10かで現在形を導入した際には触れなかったが、い-形容詞にも仮定形、推量形、て-形がある。本書ではその中でて-形のみだい20かで扱う。

い-形容詞「ほしい」

　述語に使われて対象語を伴う場合は、対象語に「が」が用いられるが、その文に主語のマーカー「が」がある場合は「を」を使うことが多い。「欲しい」の主語は1人称か2人称である。3人称に使われる動詞「欲しがる」は本書では扱わない。

　この課で触れていないが、「欲しい」は名詞を修飾し、「欲しいもの」などと使えることを教えても良い。

助詞

「から」（接続助詞）

　原因と結果、理由と結論を結ぶ助詞なので、使わない方がいい場合もある。（だい3か「どうして」、「…からです」参照）

数詞と助数詞3

　「かきくけこ」のどれかで始まる助数詞「回・階」、「機」、「軒」、「キロ」は、１、６、（８）、１０の場合、その言葉の直前が促音になる。さらに３と疑問詞「何…」のときは、「がぎぐげご」になるものとならないものがある。

だい16か

テーマ：い-形容詞の過去形（否定）

かいわ1

「えっ」
　似た表現に、「わあ」などがある。

文法

い-形容詞

　否定の「語幹＋くなかったです」（普通型）と「語幹＋くなかったんです」
（んです-型）がしっかり言えるように両方をよく練習する。「いい」は例外で
「よくなかったです」、「よくなかったんです」となる。

　否定形には改まった言い方「語幹＋くありませんでした」もあるが、あまり
使われない。

動詞→い-形容詞

　動詞・たい-formは欲求・希望を表す。構造は「ます-形の語幹＋たい」で、
い-形容詞と同じ語尾変化をする。動詞が他動詞の場合、たい-formの対象語に
は「を」または「が」が使われる。

だい17か

テーマ：継続、繰り返しを表す「……ている」

<u>わたしのかぞく</u>

　　だい17か以降では簡単な読解も扱うが、書き言葉では「んです-型」は使わない。

<u>文法</u>

動詞

　　動詞を使って状態を表すには「て-形＋いる」という形を用いる。

助詞

「けど」（接続助詞）

　　「けど」は話し言葉で、書き言葉では「が」を用いる。

<u>数詞と助数詞4</u>

　　ここにとりあげた助数詞「枚」、「部」、「畳」は、数による子音の変化が起こらない。

だい18か

テーマ：「……ている」の否定形及び「もう」と「まだ」

かいわ

「いって（い）らっしゃい」

　「行ってきます」も教えるとよい。

文法

助詞

「を」（格助詞）

　移動中の場所や通過する対象を示す。

文型

「普通体＋んじゃないですか」

　会話で非常によく使われる表現である。

　作り方は簡単で、「んです」を「んじゃないですか」に変えればよい。

その他

「まだ」

　あるべき変化、予想する変化の前を表しており、肯定形でも否定形でも使える。なお、だい１２かで学習した「もう」は、否定形の場合「…ていない」の形で使われることが多い。

だい19か

テーマ：名詞の修飾（1）

かいわ

「ねんぱい」

　他人について「Aさんは年配だ」と言うが、「年配」は自分には使わない。自分について言うときは「（もう）年だ」などがよく使われる。

文法

名詞の修飾

　だい9かでは、名詞または形容詞による名詞の修飾を学んだが、この課では動詞または補語を伴う動詞による名詞の修飾について学習する。動詞で修飾する際は普通体を用いる。慣れるためにこの課では被修飾語の名詞が「人」の場合を扱う。

動詞

「きる」、「はく」

　服以外の物（帽子、アクセサリーなど）についても適宜教えるとよい。

だい20か

テーマ：名詞の修飾（2）及び、て-形による文の結合

わたしのまいにち、にっき

　この課では普通体の文を扱っているが、普通体の形はすべて既習である。

文法

名詞の修飾

　だい19かに続き、動詞または補語を伴う動詞による名詞の修飾について学習するが、被修飾語として「人」以外の様々な名詞を用いる。

コプラと、い-形容詞のて-形

　コプラ：だ→で

　い-形容詞：語幹＋くて（例外は「いい→よくて」）

て-形による文の結合

　「そして」や「それから」使って表される2つまたはそれ以上の文は、て-形を用いて1つの文に結合できる。なお、て-形によって原因・理由を表すケースはここでは扱わない。

◎著者プロフィール

海老原峰子（えびはら・みねこ）

上智大学理工学部数学科卒業。1985年にシンガポールで日本語学校設立。
動詞活用一括導入の教授法を開発し、教授法と学習用ソフトで特許取得。これまでに、教科書『ニュー・システムによる日本語』（本編及び続編）、著作『日本語教師が知らない動詞活用の教え方』（現代人文社、2015年）、『日本語教師として抜きん出る』（同、2020年）を出版。

◎訳者プロフィール

許君（キョ・クン）　安徽三連学院外国語学院日本語系講師（2016年翻訳当時）
言語学修士

歐陽雅芬（オウ・ヨウ・ガ・フン）　安徽三連学院外国語学院日本語系講師（2016年翻訳当時）　日本文学修士

◎監訳者プロフィール

金哲（キン・テツ）　元北京外国語大学教授　法学博士

ニュー・システムによる日本語〔中国語版〕（上）

2024 年 5 月 28 日　第 1 版第 1 刷発行

著　者…………海老原峰子
訳　者…………許君・歐陽雅芬
監訳者…………金哲
発行人…………成澤壽信
発行所…………株式会社現代人文社
　　　　　　　　〒160-0004　東京都新宿区四谷2-10八ッ橋ビル7階
　　　　　　　　振替　00130-3-52366
　　　　　　　　電話　03-5379-0307（代表）
　　　　　　　　FAX　03-5379-5388
　　　　　　　　E-Mail　henshu@genjin.jp（代表）／hanbai@genjin.jp（販売）
　　　　　　　　Web　http://www.genjin.jp
発売所…………株式会社大学図書
印刷所…………株式会社ミツワ
装　幀…………加藤英一郎

検印省略　PRINTED IN JAPAN　ISBN978-4-87798-855-5　C0081
© 2024 Ebihara Mineko

本書は、「鴻儒堂出版社」（台湾台北市）の版を用いて、日本で出版したものである。